SOFT SKILLS

PARA A VIDA, A CARREIRA E OS NEGÓCIOS

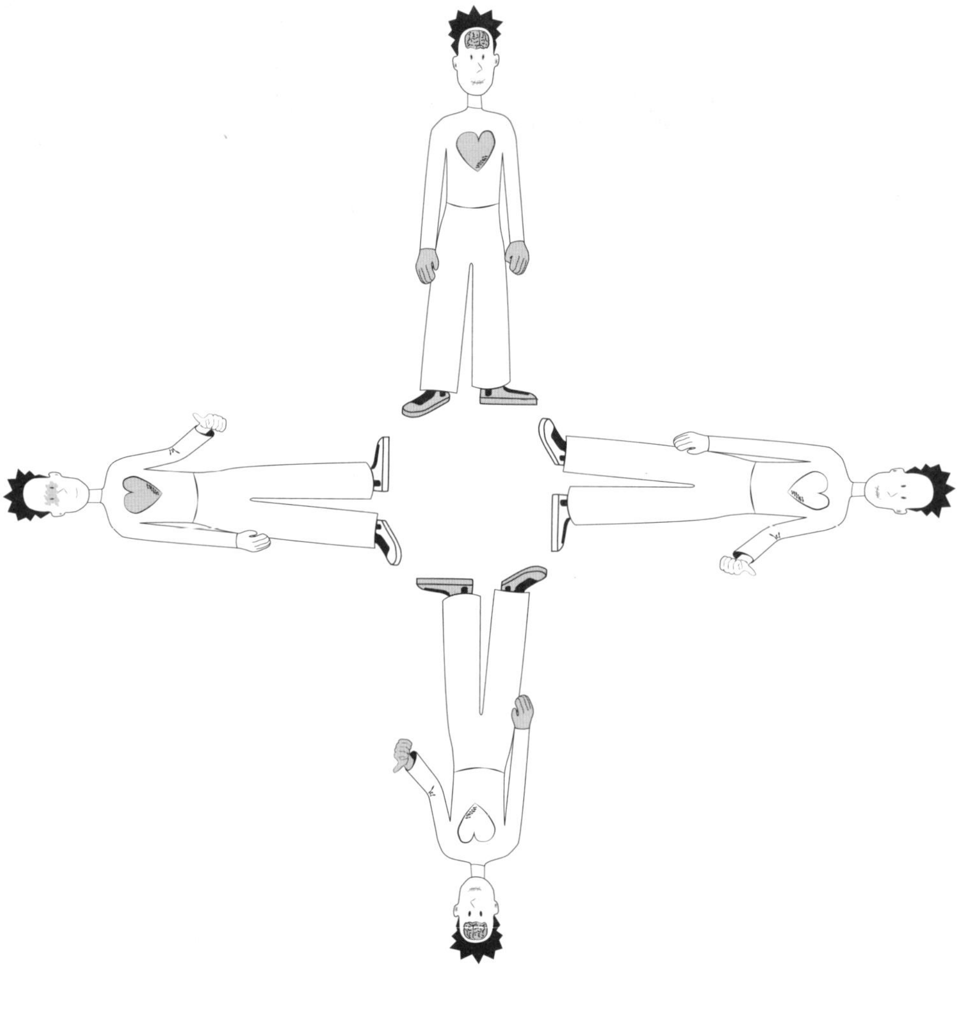

ALICE SALVO SOSNOWSKI

SOFT SKILLS PARA A VIDA, A CARREIRA E OS NEGÓCIOS

O PULO DO GATO PARA DESENVOLVER HABILIDADES EMPREENDEDORAS

ALTA BOOKS
GRUPO EDITORIAL
Rio de Janeiro, 2024

Soft skills para a vida, a carreira e os negócios

ISBN: 978-85-7881-744-2

Impresso no Brasil — 1ª Edição, 2024 — Edição revisada conforme o Acordo Ortográfico da Língua Portuguesa de 2009.

Dados Internacionais de Catalogação na Publicação (CIP)
(Câmara Brasileira do Livro, SP, Brasil)

Sosnowski, Alice Salvo
Soft skills para a vida, a carreira e os negócios / Alice Salvo Sosnowski. -- 1. ed. -- Rio de Janeiro : Alta Books, 2024.

ISBN 978-85-7881-744-2

1. Competências emocionais 2. Desenvolvimento profissional 3. Empreendedorismo 4. Habilidades - Desenvolvimento I. Título.

24-200883 CDD-650.14

Índices para catálogo sistemático:

1. Competências : Desenvolvimento profissional e pessoal : Administração 650.14

Tábata Alves da Silva - Bibliotecária - CRB-8/9253

Produção Editorial: Grupo Editorial Alta Books
Diretor Editorial: Anderson Vieira
Editor da Obra: Ibraíma Tavares
Vendas Governamentais: Cristiane Mutüs
Gerência Comercial: Claudio Lima
Gerência Marketing: Andréa Guatiello

Produtora Editorial: Gabriela Paiva
Preparação do texto: Bia Nunes de Sousa
Revisão: Ligia Alves, Karen Nakaoka, Karina Pedron e Rafael de Oliveira
Projeto gráfico: Alberto Mateus
Diagramação: Fernanda Marão (Crayon Editorial) e Rita Motta
Capa: Beatriz Frohee
Ilustração do Pulo do Gato Empreendedor: Anderson Penha
Ilustração dos Artefatos: Lua Marchezi

ALTA BOOKS
GRUPO EDITORIAL

Rua Viúva Cláudio, 291 — Bairro Industrial do Jacaré
CEP: 20.970-031 — Rio de Janeiro (RJ)
Tels.: (21) 3278-8069 / 3278-8419
www.altabooks.com.br — altabooks@altabooks.com.br
Ouvidoria: ouvidoria@altabooks.com.br

Editora **afiliada à:**

Somos assim. Sonhamos o voo,
mas tememos as alturas.
Para voar é preciso amar o vazio.
Porque o voo só acontece
se houver o vazio.
O vazio é o espaço da liberdade,
a ausência de certezas.

RUBEM ALVES

AGRADECIMENTOS

Esta não é uma obra só minha, mas de muitas pessoas e ideias que passaram por mim ao longo de 13 anos. Desde 2009, vejo e ouço, com atenção e interesse, a trajetória e as realizações de centenas de empreendedores de negócios e da vida. Também estudo conceitos e técnicas de especialistas em comportamento e gestão e aprendo lições preciosas de mestres e filósofos.

Como a *Alice no país das maravilhas*, decidi, desde o início da minha carreira, seguir o coelho branco e cada sinal de como trabalhar, empreender, relacionar-me e viver melhor. Recolhi experiências e ensinamentos que não poderia guardar apenas comigo. Passei a compartilhar tudo em um blog, depois em palestras, workshops e, por fim, em aulas e mentorias. A cada interação com as pessoas, eu descobria uma perspectiva diferente e agregava esse novo conhecimento ao todo. E assim fui avançando, aprendendo, compartilhando, agregando e espalhando pílulas de sabedoria. Agora, todo esse material está reunido neste livro que entrego ao mundo com a sensação de dever cumprido.

Isso não teria sido possível sem a disponibilidade dos mais de trezentos entrevistados, dos especialistas que compartilharam seus conhecimentos, das pessoas que generosamente foram luz nessa jornada. Entre elas, destaco meus amigos Anselmo Nishiyama, que me cedeu o estúdio para a gravação do curso online e Anderson Penha, que desenvolveu as ilustrações que materializam o pulo do gato no corpo humano e conseguiu antever que nossas soft skills são recursos que estão dentro de nós. E, claro, à minha querida filha Lua Marchezi que fez as ilustrações dos artefatos.

Ao lado do meu marido, ela é meu maior projeto de vida. Acelmar Marchezi, obrigada por me escutar, compreender, ajudar e me incentivar sempre a ir mais longe. Meu muito obrigada vai também aos meus pais, Yara e Boleslaf, minhas irmãs Carla e Cristina, às amigas e aos amigos que sustentam uma rede de apoio capaz de estender a mão e o afeto a qualquer hora. Em especial, quero agradecer a Ibraíma Dafonte Tavares, de longe a melhor editora que já tive: atenta e cuidadosa com a obra, a autora e o leitor. E ao Grupo Editorial Alta Books, que mais uma vez acreditou em mim e acolheu o conteúdo e a proposta de falar sobre soft skills e habilidades empreendedoras!

Ah, e não poderia esquecer dos meus gatos. Eles são companhia e inspiração para o meu trabalho. Quando estou perdida, é a eles que recorro, assim como Alice fala com o gato risonho da história de Lewis Carroll. Por incrível que pareça, são eles que, sem dizer uma palavra, me explicam o porquê de eu estar aqui.

;-)

ALICE SALVO SOSNOWSKI, JORNALISTA, EMPREENDEDORA, ETERNA CURIOSA COM A VIDA E GATEIRA DE OUTRAS VIDAS!

SUMÁRIO

Prefácio

"Ambientes mais saudáveis e pessoas mais felizes." Anos atrás, quando estávamos trabalhando no planejamento estratégico da minha agência de branding, traduzimos nessa frase o propósito do negócio. Por meio da comunicação assertiva, do cuidado com as pessoas e de uma gestão colaborativa conseguimos dia a dia cumprir essa missão. E quanto mais a gente expandia como empresa, mais percebia que tinha espaço para evoluir como ser humano. O aprendizado constante não se limitava apenas às técnicas de comunicação corporativa, mas sobretudo ao olhar atento às habilidades que nos torna seres humanos melhores.

Foi assim que me conectei com o trabalho da Alice e sua incessante busca pelo "pulo do gato do empreendedor". Havíamos nos conhecido, em 2012, como profissionais de áreas diferentes dentro de um mesmo grupo de comunicação. Para trabalharmos juntas, nossos líderes recomendaram: "Vão almoçar juntas e voltem amigas, porque a apresentação para o cliente é na semana que vem."

Missão dada, missão cumprida! Almoçamos e em uma hora já viramos amigas e conseguimos levar o projeto adiante com sucesso. O trabalho terminou e a amizade permaneceu. Quando nos reencontramos, ela fez uma entrevista comigo e detectou que minha habilidade empreendedora mais evidente era vislumbrar o futuro. Naquele dia, também aprendi que o pulo do gato era olhar para dentro, exercitar o autoconhecimento e ter a capacidade de se transformar diante das intempéries da vida.

E foi em um desses chacoalhões que nos unimos novamente. Em 2022, com uma pandemia no meio do caminho, saímos para almoçar e decidimos juntas levar adiante um novo projeto, que une nossas expertises para fazer uma curadoria qualificada do mercado da comunicação. O propósito continua o mesmo: tornar os ambientes melhores e as pessoas mais felizes.

Nesse contexto, as soft skills que a Alice tão bem sistematiza e decupa neste livro, com uma narrativa gostosa e fácil de compreender, servem como um verdadeiro recurso salva-vidas. Embarque nesse conteúdo de peito aberto. Separe lápis e borracha para tomar notas e fazer os exercícios práticos. E, ao sentir-se convidado, reconheça e treine atitudes que vão tornar mais positiva a sua relação com o trabalho e com o mundo.

Lembre-se: o pulo do gato é estar preparado para lidar com este novo mundo de disrupções tecnológicas e comportamentais. A missão de melhorar o ambiente em que vivemos é de todos e de cada um de nós.

Boa leitura!

CÁSSIA AULÍSIO
Comunicóloga, empreendedora, parceira e curadora
de futuros desejáveis. Atua como CEO na Tutto Branding
(@tuttobranding) e é co-founder da Curatas (@somoscuratas).

Introdução

Quero começar este livro falando de SONHOS. Você se lembra de quando era criança e tinha vários deles? O sonho de voar, de ser cientista, bombeiro, médico ou artista?

"Cuidado com o que você sonha", dizem os mais sábios. E eles têm toda a razão. Sabem que, uma vez que um desejo é introjetado na mente, passa a vida nos perseguindo para que o materializemos no mundo real.

Sempre fui uma criança muito sonhadora e achava que isso era bom, mas que também poderia ser um problema. Entre o sonho sonhado e o sonho realizado existe uma longa jornada de desafios, percalços e obstáculos. E ninguém conta como chegar lá porque, na verdade, não existe um manual. Ao contrário, a vida cobra de nós atitudes pragmáticas ainda muito cedo.

Quando tinha 10 anos, meu sonho era me tornar escritora. Eu imaginava o assunto do livro, o desenho da capa, o dia do lançamento, eu escrevendo dedicatórias para uma fila de leitores. Foi por isso que, aos 17 anos, decidi prestar vestibular para jornalismo.

Em 1999, me formei e arrumei emprego em um grande jornal. Mudei-me para São Paulo, depois conheci um rapaz, casei-me, tive uma filha, financiei um apartamento e trabalhei duro para alcançar as metas impostas pela vida adulta. Metas! E onde foram parar os meus sonhos? Ficaram esquecidos no fundo de uma gaveta enquanto eu prestava atenção nos boletos e nas obrigações de mulher, mãe e profissional.

Mas daí a minha filha cresceu e começou a ter seus próprios sonhos. Ela me contava sobre eles com os olhos brilhando, uma motivação cativante e a certeza de que chegaria lá. Aí me dei conta de que estava revivendo meus sonhos de criança por intermédio da minha menina.

Se você tem filhos, netos, sobrinhos, é cuidador ou educador, já deve ter enfrentado a situação de estar diante de crianças e jovens cheios de expectativas e não saber como guiá-los para que realizem seus sonhos.

Em algum momento, a escritora dentro de mim ressurgiu e percebeu que, motivada pela própria história e pelos desejos da criança à sua frente, precisava aprender a realizar seus sonhos e ensinar isso à sua filha antes que a vida adulta também a alcançasse.

Percebi que precisava mostrar para ela – e para mim mesma – que somos capazes de realizar nossos desejos, mas que, para isso, precisamos desenvolver todo o nosso potencial e nos tornar mais do que apenas sonhadores: precisamos nos preparar para sermos realizadores!

É possível realizar nossos sonhos?

Como contei, fui levada ao jornalismo por causa da paixão pela escrita. Comecei minha carreira no jornal *O Estado de S. Paulo*, onde ajudei a criar a pioneira NetEstado, que viria a ser o embrião do *Portal Estadão*. Na onda das empresas pontocom, trabalhei na chegada da America Online ao Brasil, e em seguida na revista *PC World*, escrevendo sobre tecnologia para pequenas e médias empresas.

Foi acompanhando os perrengues e as conquistas dos empreendedores que percebi um terreno fértil de habilidades, competências e capacidade de realização. A despeito de todas as crises que o Brasil sempre viveu, acompanhei a iniciativa de diversos empresários determinados a concretizar seus projetos. Pessoas comuns que aprenderam a conhecer suas forças e, com isso, a transformar ideias e sonhos em realidade.

Fiquei tão impactada com essa postura diante da vida que me aprofundei ainda mais nesse universo, estudando como os empreendedores conseguem tirar as ideias do papel e concretizar seus sonhos.

Foi quando decidi abandonar a redação da revista em que trabalhava para investir na minha própria empresa, tornando-me também uma empreendedora.

Na mesma época, comecei a escrever um blog sobre minhas dúvidas e aprendizados. O nome era *O Pulo do Gato*, uma expressão muito usada antigamente que significa o segredo do sucesso, aquele detalhe que faz a pessoa superar um desafio e mudar de patamar na vida.

Como empreendedora, eu queria aprender o pulo do gato nos negócios, e usei minha curiosidade de jornalista para descobrir esse segredo com os empreendedores que já tinham obtido sucesso. Mal sabia que estava criando o que viria a ser meu propósito de vida.

Em 2010, fundei com o meu marido uma agência digital e tive oportunidade de participar de um curso inédito, voltado para mulheres empreendedoras e chamado 10.000 Women, ministrado na Fundação Getulio Vargas (FGV-SP) e financiado pelo banco de investimentos Goldman Sachs.

Foi lá que nasceu a Rede Mulher Empreendedora (RME), projeto de que participo desde a idealização com a minha amiga e fonte de inspiração Ana Fontes. A RME foi responsável por me trazer uma rede enorme de conexões com mulheres batalhadoras, que deram a volta por cima e criaram seu próprio negócio.

Escrevi também parte do conteúdo de empreendedorismo do *Portal Brasil*, do Governo Federal. Fiz trabalhos para veículos como os jornais *Diário do Comércio* e *O Estado de S. Paulo* e a revista *Você S/A*, além de empresas e instituições como Sebrae, Symnetics, Fiesp, Senac, Insper e FGV-SP. Tinha acesso a vários empresários, e, na minha agenda de fontes jornalísticas, figuravam grandes especialistas em gestão de negócios. Quanto mais eu aprendia com eles, mais ensinava outros empreendedores, tanto por meio do blog como nos workshops presenciais que ministrava em diversos lugares.

Tive a honra de entrevistar os maiores nomes da indústria e dos negócios deste país ao trabalhar na equipe fundadora do site *MeuSucesso.com*, uma plataforma de conteúdo que produz documentários sobre a trajetória de grandes empreendedores. Conheci pessoas que construíram organizações extraordinárias, como Ozires Silva, fundador da Embraer, e Elói D'Avila, que criou a agência de viagens FlyTour, um dos principais players de turismo do mundo.

Conheci também Geraldo Rufino, que montou, na década de 1990, uma empresa de reciclagem de peças automotivas, muito antes de ele fazer esse sucesso estrondoso de hoje. Entrevistei Alair Martins, do Grupo Martins, uma das maiores empresas de logística da América Latina, e Sofia Esteves, fundadora da Cia. de Talentos, reconhecida internacionalmente por sua atuação na área de recursos humanos.

Além de grandes empreendedores, entrevistei centenas de especialistas, filósofos, inovadores e experts em todas as áreas de negócios, procurando compreender os modelos mentais por trás das trajetórias de sucesso. Aproveito para agradecer a alguns nomes essenciais, como Mario Sergio Cortella, Diego Martins, Lúcia Helena Galvão, Marcelo Cherto, Rony Meisler, Silvio Meira, Nathalie Trutmann, Martha Gabriel, Augusto de Franco, Carla Sarni, David Barioni Neto, Flávio Augusto da Silva, Caito Maia, Sandro Magaldi, Marcelo Nakagawa, Gustavo Santiago, Facundo Guerra, Gil Giardelli, Marco Gomes, Thái Quang Nghiã, Ricardo Voltolini, Joel Franz, Edu Lyra, Ary Scapin, Paola Tucunduva, Marcelo Pimenta, Jamile Coelho, David Oliveira Lemes (Dolemes), Fernanda Nascimento, Marcelo Tonidandel e mais centenas de pensadores que revelaram diversas facetas para atingir a realização profissional e pessoal.

Para que esses empreendedores pudessem realizar seus sonhos e projetos, eles davam seus pulos, verdadeiros saltos "duplo twist carpados" como aqueles da ginasta Daiane dos Santos, a primeira brasileira a conquistar uma medalha de ouro na ginástica artística em um campeonato mundial. Era isso que diferenciava os empreendedores de sucesso daqueles que fracassavam ou desistiam no meio do caminho.

A essa altura, já tinha dado para perceber que o conhecimento tácito e a intuição são tão importantes quanto as regras de gestão e administração (ou até mais importantes que elas). A paixão pelo trabalho, o olhar aguçado, a disposição para o risco e a persistência são algumas das respostas que compõem O Pulo do Gato Empreendedor©, uma metodologia que revela o potencial para sonhar e, principalmente, realizar sonhos.

Ficou curioso para conhecer? Eu te convido a participar comigo desta jornada de aprendizado e realização.

O pulo do gato

A lenda do pulo do gato conta que a onça queria comer o bichano e, para enganá-lo, pediu que o gato ensinasse a ela suas acrobacias. O gato então mostrou todos os tipos de saltos: para a frente, para o lado, os truques da cambalhota etc. Achando-se muito esperta, a onça aproveitou um momento de distração do gato, preparou o bote e... puft! Com dois saltos para trás, o gato escapuliu de suas garras. Ao reclamar da lição não ensinada, a onça escutou do bichano: "Você acha mesmo que vou ensinar o meu pulo do gato? Se tivesse feito isso, a esta hora estaria morto!"

O pulo do gato é uma expressão de origem popular que significa uma ação, um detalhe, que faz o indivíduo se diferenciar e ganhar destaque. No mundo dos negócios, é aquele momento em que o empreendedor cria seu próprio sucesso, vai além das expectativas, surpreende, ultrapassa limites e deixa um legado.

O que sempre me intrigou é: por que alguns profissionais conseguem dar o pulo do gato enquanto outros passam a vida tentando e não chegam lá? Por que existem tantas pessoas querendo empreender seus sonhos e tão poucos casos bem-sucedidos?

Fui procurar estudos sobre sucesso em várias áreas. Explorei o assunto na neurociência, na gestão de negócios, na psicologia comportamental e até na filosofia. Descobri que o sucesso está muito relacionado ao conceito de competência. Ou melhor, na união de três elementos fundamentais e interdependentes que se traduzem no conceito de CHA (acrônimo para conhecimento-habilidade-atitude). Conhecimento é o saber teórico; habilidade é saber fazer; e atitude é querer fazer. Segundo o pesquisador francês Thomas Durand, para uma pessoa ser bem-sucedida no desempenho de uma competência, o ideal é possuir 15% de conhecimento, 25% de habilidade e 60% de atitude.

Conceito CHA

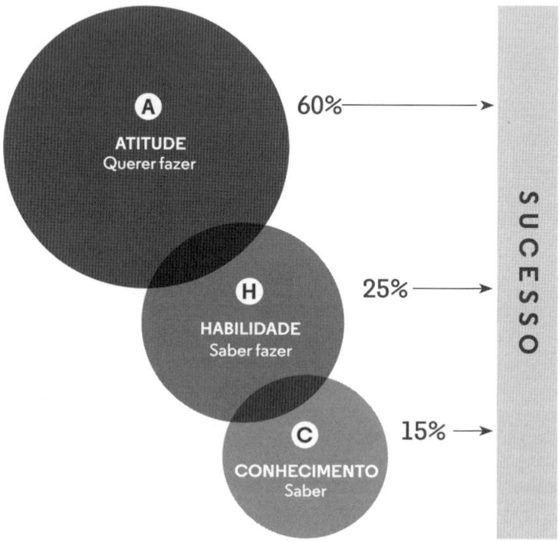

Mas quais são essas habilidades e atitudes? Na investigação, observei que são características como criatividade, assertividade, flexibilidade, pensamento crítico, trabalho em equipe e inteligência emocional. Conhecidas como soft skills (na tradução para o português, habilidades leves), são um conjunto de competências que envolvem aptidões mentais, emocionais e sociais.

As soft skills se referem ao modo como cada um lida consigo mesmo e se relaciona e interage com as pessoas e com o mundo. Elas têm sido cada vez mais estudadas por grandes instituições educacionais e até mesmo em organizações como o Fórum Econômico Mundial. Numa época de transformações disruptivas, em que a tecnologia, a automação, a cultura digital, a ciência de dados e a inteligência artificial passam a ocupar as funções das pessoas no mercado de trabalho, nunca foi tão necessário apelar para o nosso lado mais humano e utilizar habilidades que nenhum robô ou máquina é capaz de imitar.

Se antigamente, o fato de ter competências técnicas (as chamadas hard skills), como um diploma de faculdade, um certificado de inglês ou o domínio de preencher e manipular planilhas, era o suficiente para a pessoa se mostrar qualificada para o mercado de trabalho, hoje, esse mesmo profissional é contratado por causa de suas hard skills, mas pode ser demitido pela falta de habilidades comportamentais – as soft skills.

Habilidades, não diplomas,
definem hoje os melhores talentos.

JEFF WEINER, EX-CEO DO LINKEDIN

Diferentemente das hard skills, que são descritas no currículo, as soft skills não podem ser mensuradas por indicadores objetivos, mas são capazes de determinar a diferença entre o fracasso e o sucesso de um indivíduo. E se existe um grupo que já sabe disso há muito tempo são os empreendedores, pessoas que souberam usar suas soft skills para superar desafios, criar negócios bem-sucedidos e causar impacto positivo na vida de milhares de pessoas.

Foi por meio dos empreendedores que conduzi uma pesquisa empírica durante mais de oito anos, para a qual entrevistei atores dos mais diferentes segmentos, gente que coloca a mão na massa para realizar seus sonhos. Além deles, entrevistei também pensadores que refletem sobre as implicações da nova economia no século XXI.

Esse trabalho se assemelhava ao de outro jornalista no início do século XX, nos Estados Unidos. Napoleon Hill passou mais de vinte anos entrevistando grandes vencedores e investigando suas carreiras a fim de identificar as razões pelas quais tantos tentam e tão poucos conseguem alcançar o sucesso. O resultado dessa pesquisa foi apresentado em 1928, no livro *A lei do triunfo*. E Hill se tornou um dos maiores estudiosos na área da realização pessoal e do sucesso do seu tempo. Seus estudos deram origem aos grupos Mastermind e a escolas de desenvolvimento de líderes em todo o mundo.

Também pesquisei David McClelland, um psicólogo estadunidense que identificou em 1972 as dez características do comportamento empreendedor. Essa teoria clássica foi chancelada pela Organização das Nações Unidas (ONU) e deu origem ao treinamento Empretec, oferecido no Brasil pelo Serviço Brasileiro de Apoio às Micro e Pequenas Empresas (Sebrae), que atrai o interesse de muitos outros pesquisadores e estudiosos na área de desenvolvimento profissional.

No entanto, uma coisa me incomodava: as pesquisas haviam sido feitas em outros contextos históricos, não incluíam as evoluções tecnológicas das últimas décadas, tampouco consideravam a atual realidade brasileira.

Foi a partir dessa lacuna que foquei meu trabalho no contexto brasileiro do século XXI e me inspirei em empresários que atuam agora, na nova economia. São exemplos que vou apresentar ao longo do livro e que mostram como as soft skills foram fundamentais para muitas jornadas de sucesso, seja na criação de empresas, seja na gestão de carreiras.

Neste ponto, é bom deixar claro que, sempre que falo de empreendedores, não me refiro apenas aos donos de negócios, mas também àquela pessoa que está atenta às oportunidades, assume riscos, trabalha para concretizar seus sonhos e modificar a realidade ao seu redor.

Portanto, a definição adotada neste livro considera empreendedor tanto o empresário quanto seus colaboradores, tanto o funcionário público quanto um estudante. Um profissional autônomo ou quem cuida da casa e dos filhos. Independentemente de quem for, essa pessoa precisará desenvolver suas soft skills para realizar seus desejos e transformar sonhos em realidade.

A metodologia

Método, do grego, é a soma das palavras *meta* (resultado a ser atingido) e *hodos* (caminho). Na investigação a que me propus, procurei entrevistar renomados empreendedores e especialistas brasileiros. Gente muito ocupada, com muito compromisso na agenda e pouco tempo disponível. Minha estratégia, então, exigia agilidade.

Muitas vezes eu encontrava essas pessoas no meu próprio ambiente profissional, então estabeleci uma abordagem muito eficiente: pegava a pessoa de supetão e fazia só uma pergunta. Assim ninguém sistematizava a resposta ou se recusava a responder alegando falta de tempo. A pergunta era: "Qual é o pulo do gato empreendedor? Qual foi o seu?"

Foram mais de trezentos depoimentos com histórias, conceitos e palavras-chave que formam um mosaico de opiniões sobre as características e os comportamentos de um empreendedor de sucesso. Quase sempre consegui filmar as respostas, nem que fosse usando o celular mesmo. A maioria delas está compilada em vídeos que publiquei no canal O Pulo do Gato Empreendedor, no YouTube.

Analisando as respostas dos entrevistados, percebi que todas, por mais diferentes que fossem, tinham uma coisa em comum, não importa de onde os entrevistados vinham, o que faziam, em qual mercado atuavam: muitos nem faculdade tinham quando conseguiram dar o seu pulo do gato, mas cada um a seu modo e a seu tempo se apoiou em habilidades que tinham a ver com aspectos emocionais, intuitivos e criativos para conquistar seus objetivos e superar desafios. Ou seja, todos se apoiaram nas soft skills. Todos haviam trilhado um caminho similar:

Primeiro, descobriram uma motivação intrínseca, uma paixão por uma causa ou um projeto que se tornou o combustível inicial da jornada. Em seguida, vislumbraram o futuro, enxergando além do óbvio e imaginando soluções onde os outros só viam problemas. Entusiasmados, esses empreendedores colocaram a mão na massa e conseguiram concretizar suas ideias. Depois, passaram a compartilhar seus projetos, engajando outras pessoas na realização dos seus próprios sonhos. Como toda jornada desafiadora que se preze, os obstáculos exigiram persistência.

Por fim, meus entrevistados perceberam que precisavam transformar as ideias iniciais em valor e propósito e ter a mente aberta para se reinventar e se transformar.

Assim que identifiquei esses padrões de comportamento, compilei os seis princípios que formam O Pulo do Gato Empreendedor©, uma metodologia de soft skills que ensina as pessoas a dar o pulo do gato, a empreender seus sonhos e a ser a protagonista da própria vida.

Não por coincidência, percebi que esses princípios se conectam a partes específicas do corpo humano. Tudo se encaixava: para darmos o pulo do gato tínhamos que criar a consciência de que já temos esses princípios dentro de nós. Usando o corpo humano como referência fica mais fácil compreender e aplicar a metodologia na nossa vida, potencializando nossas competências empreendedoras.

Tudo começa pelo coração, que revela a nossa PAIXÃO por algo, e isso desencadeia todo o processo. O VISLUMBRE está conectado aos olhos, que ativam uma "visão além do alcance" para definir um objetivo. As mãos representam o FAZER, que é literalmente a mão na massa, o "bota pra quebrar". Mas a realização de uma visão só se concretiza quando o empreendedor se dispõe a COMPARTILHAR suas ideias e a trocar experiências com o mundo que o rodeia. No mundo hiperconectado em que vivemos hoje, não podemos desprezar o poder das redes sociais e das interações digitais. Este último princípio está representado pela boca e pelos ouvidos, que precisam estar sempre abertos para aprender e ensinar. A PERSISTÊNCIA vem dos pés, que continuam caminhando mesmo diante de uma jornada cheia de obstáculos e desafios. E, por fim, a capacidade de TRANSFORMAÇÃO surge do cérebro, essa máquina humana mais valiosa que qualquer computador e que nos ajuda a ter consciência de todos os outros princípios e a transformar o conhecimento em ações e comportamentos efetivos.

Cada um desses princípios ativa dezenas de habilidades e soft skills, que precisam ser estudadas, conhecidas, absorvidas e treinadas. Usando o corpo humano como referência fica ainda mais fácil

Os seis princípios d'O Pulo do Gato Empreendedor©

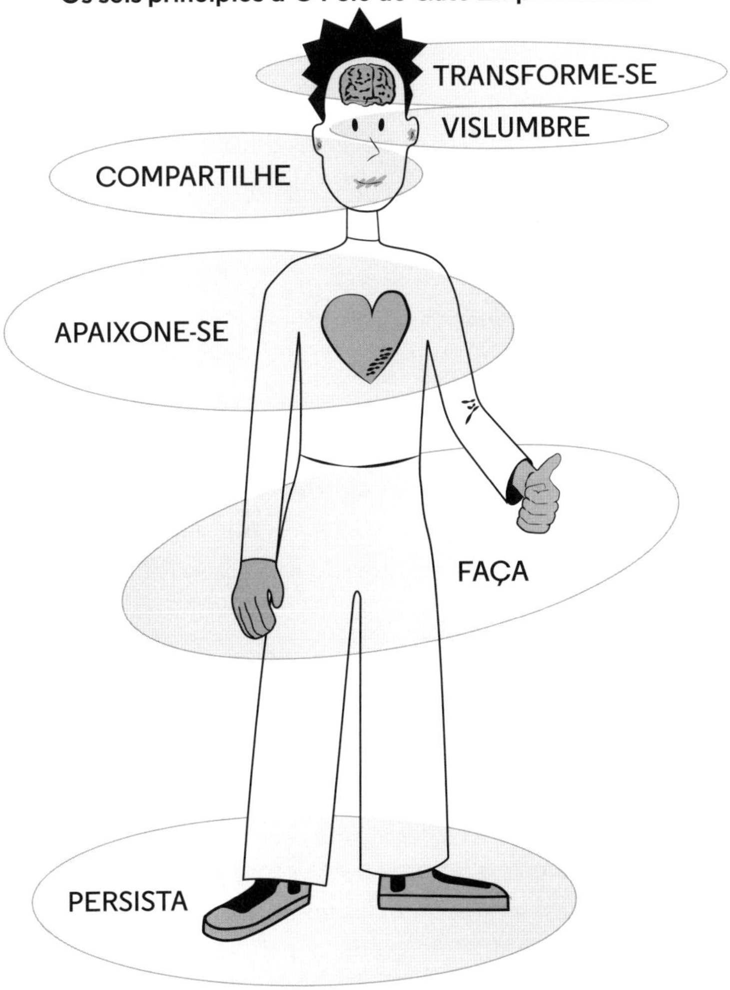

compreender e aplicar o pulo do gato na nossa vida, potencializando nossas competências empreendedoras.

Por exemplo: quer compartilhar? Tente desenvolver a escuta ativa, a empatia, o relacionamento e comunicação assertiva. Quer persistir? Trabalhe a humildade e a resiliência e continue caminhando apesar dos percalços. Quer ser realizador? Coloque a mão na massa, tenha foco, disciplina e faça acontecer.

As ideias podem parecer simples, mas por trás delas estão princípios, práticas e filosofias inovadoras que, quando colocados em prática, geram grandes resultados.

No infográfico a seguir, você pode ver uma sistematização de todas as habilidades de forma simples e inovadora.

Você tem à sua disposição uma fascinante caixa de ferramentas para ser usada como, onde e quando precisar. Os seis princípios essenciais da metodologia O Pulo do Gato Empreendedor© podem ser estudados separadamente, de forma não linear, mas devem ser praticados de modo conjunto e contínuo porque uma habilidade reforça a outra e ambas criam uma sinergia ímpar.

Em 2013, passei a ensinar a metodologia em cursos e palestras. Levei as soft skills para escolas públicas e particulares, instituições de ensino corporativas e cursos livres, universidades e workshops dentro de eventos nacionais, treinando centenas de pessoas por todo o Brasil. Testei a metodologia com pessoas de 8 a 80 anos, literalmente, sempre adaptando a linguagem e aprofundando os conceitos de acordo com o público. Veja alguns depoimentos de quem já vivenciou a metodologia:

- **Flávia Durante, jornalista, fundadora da *Pop Plus*, plataforma de moda plus size:** "A metodologia foi muito útil para eu colocar algumas coisas em perspectiva, perceber onde já falhei e como posso melhorar. Já estou utilizando alguns princípios, como focar no que sou mais forte e delegar trabalho nas áreas em que sou mais fraca. E também passar por sacrifícios em

Metodologia O Pulo do Gato Empreendedor©

HABILIDADES E COMPETÊNCIAS

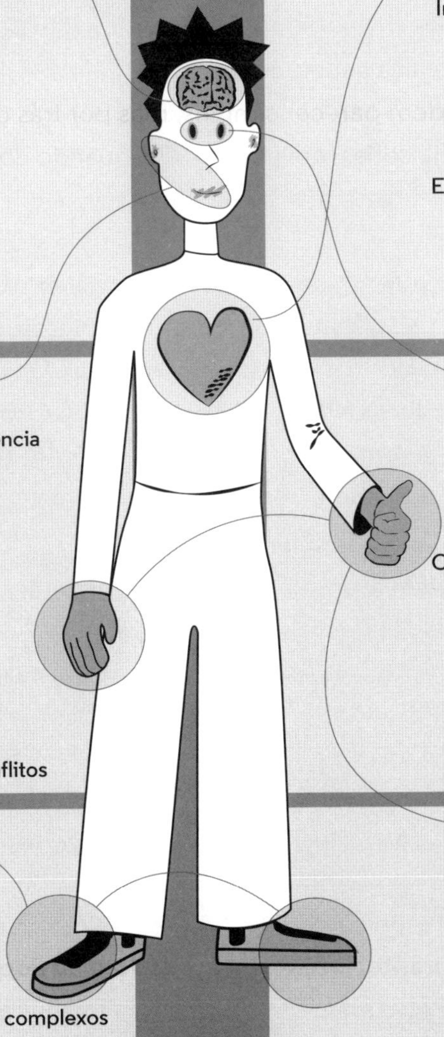

TRANSFORME-SE
Equilíbrio/leveza
Desapego
Reinvenção
Integridade
Compaixão/humanismo
Liderança
Visão sistêmica
Humildade
Legado
Consciência
Protagonismo
Diversidade
Flexibilidade
Inovação
Lucidez

APAIXONE-SE
Autoestima
Prazer/alegria
Inteligência emocional
Autoconfiança
Talento
Valores
Capacidade de sentir
Gratidão
Autenticidade
Essência/singularidade
Identidade
Entusiasmo
Memória
Autoimagem
Inspiração

COMPARTILHE
Reciprocidade
Relacionamento/convivência
Capacidade de ensinar
Gentileza/respeito
Empatia
Influência/persuasão
Conexão/engajamento
Networking
Colaboração
Trabalho em equipe
Assertividade
Comunicação
Capacidade de vender
Escuta ativa
Mediação/gestão de conflitos

VISLUMBRE
Observação
Curiosidade
Imaginação
Estratégia
Sonho/vontade
Planejamento/metas
Orientação a resultados
Tomada de decisão
Perspicácia
Intuição
Inquietação
Fé/esperança
Criatividade
Intenção
Pensamento crítico

PERSISTA
Resiliência
Adaptabilidade
Negociação
Garra
Paciência
Autocontrole
Resolução de problemas complexos
Aprendizado ativo
Consistência
Convicção/fé
Determinação
Otimismo
Tolerância
Aceitação
Hábito

FAÇA
Motivação
Coragem
Atitude
Dedicação
Eficácia
Autonomia
Disposição ao risco
Ousadia
Organização
Disciplina
Comprometimento
Concentração
Foco
Autorresponsabilidade
Simplificar

nome de chegar a um ideal maior. Achei tudo muito claro, prático e transparente."

- **Flavia Sakai, artista, designer, arquiteta e facilitadora de processos criativos:** "A metodologia O Pulo do Gato é ótima, bem prática, dinâmica e objetiva. Ajudou-me a filtrar as ideias e organizar os pensamentos em um modelo de negócio que alinhou meu passado, presente e futuro. Fiquei mais motivada, focada e determinada. O conhecimento de Alice sobre empreendedorismo e sua alma feminina foram fundamentais para o processo."
- **Charles Guedes, engenheiro e empreendedor:** "Gosto bastante da metodologia. Desde o começo, entendi que é importante tirar as ideias de dentro da cachola e dar vida aos pensamentos e devaneios. Funciona como o painel da minha parede. Um ponto positivo é que consegui captar bem quem eu sou, ver qual é a minha essência, perceber minhas fortalezas e em especial minhas fraquezas, aprendendo a lidar com elas em vez de varrê-las para debaixo do tapete."
- **Fernanda Nogueira, fundadora do Espaço do Conteúdo:** "A metodologia superou minhas expectativas. Ajudou-me a perceber meus pontos fortes e os pontos em que preciso melhorar. Aprendi que só vou saber se minha ideia de negócio é viável se me apresentar ao mercado e seguir na busca de respostas para as minhas perguntas. Por exemplo, quem é a persona do meu negócio, como posso resolver o problema dela e como posso reverter esse serviço em valor para a minha empresa. Pretendo usar a metodologia como guia para o resto da vida."

Depois de impactar tantas pessoas, decidi escrever este livro para conseguir alcançar um público ainda maior. Minha missão é inspirar e instigar empreendedores, empresários, aspirantes, funcionários e colaboradores de empresas, profissionais freelancers e todos os interessados em se transformar e evoluir. Quero ajudar as pessoas para que consigam empreender nos negócios e na vida, não importa se pretendem abrir uma empresa ou investir em um projeto pessoal.

Se esse é o seu objetivo, vamos juntos nestas páginas desenvolver as habilidades necessárias para você conquistar os resultados que almeja. Mas saiba que é preciso coragem para mergulhar no autoconhecimento e disposição autêntica para iniciar uma jornada de transformação. Vamos nessa?

Manual de instruções

O objetivo principal da metodologia O Pulo do Gato Empreendedor© é ajudar as pessoas a desenvolver as soft skills e as competências necessárias para uma nova era de trabalho. Ela é um convite para nos conectarmos com a nossa essência por meio dos sentidos e do corpo.

A ideia é exercitar um modelo mental empreendedor e criar consciência das habilidades necessárias para que todos possam empregá-las em situações da vida prática.

A proposta não é determinar um caminho ou indicar uma receita pronta para o sucesso, mas fornecer insumos para que todos possam adaptar este conhecimento à própria realidade e dar o *SEU* pulo do gato. Por isso, a linguagem é simples, lúdica e didática, de forma que este conhecimento seja de fácil assimilação.

O livro é dividido em seis partes, de acordo com os seis princípios da metodologia O Pulo do Gato Empreendedor©:

1→ Apaixone-se
É no coração que tudo começa. É hora de identificar seus talentos, preferências e desejos, e encontrar aquilo que você faz melhor, com paixão e entusiasmo. Se o seu projeto estiver alinhado com os seus valores, é mais fácil persistir e ter determinação e propósito.

2→ Vislumbre
Passada a primeira etapa, é hora de vislumbrar antes de sair fazendo indiscriminadamente. Imagine como você quer estar daqui a cinco anos e veja o que as pessoas desejam. Trabalhe a intersecção entre o que você faz de melhor e o que o mundo precisa para melhorar.

3→ Faça
Uma vez que você já trabalhou o autoconhecimento e vislumbrou uma oportunidade, é o momento de colocar em prática um planejamento realista, com metas factíveis, prazos razoáveis e viabilidade. É hora de colocar a mão na massa.

4→ Compartilhe
No mundo de hoje, o segredo industrial e o sucesso solitário são lendas ultrapassadas. Por isso, dedique-se a fortalecer seus relacionamentos e conecte-se com as pessoas. Troque experiências e fale de seus projetos. Quanto maior a sua rede, maior é a probabilidade de encontrar parceiros, clientes e pessoas que apoiem a realização de sua ideia.

5→ Persista
Se tem uma coisa que aprendi com os empreendedores é que nenhuma meta é alcançada se você não tiver persistência. É um princípio que detectei desde os primeiros estudos sobre sucesso e que costuma se desenvolver quando passamos por situações de adversidade.

6→ Transforme-se
Entre nessa jornada com a certeza de que você vai se transformar ao longo do trajeto. E isso é bom, porque a transformação é sinal de que estamos dispostos a mudar e evoluir sempre. O empreendedor é aquele que se transforma continuamente e também transforma a realidade em torno de si.

Ao longo destas páginas, você vai se deparar com questionamentos importantes e perguntas poderosas, que levam à autoconsciência, além de uma série de exercícios práticos e efetivos. Também apresento exemplos de empreendedores que são apaixonados pelo que fazem, vislumbram novas realidades, colocam a mão na massa e engajam outras pessoas em seus sonhos. Eles são focados e perseverantes, mas sabem se reinventar sem se desviar de seus propósitos e tirar lições de seus erros e fracassos.

Vamos aprender com essas pessoas e absorver profundamente todos os conceitos expostos. O conteúdo deste livro é para ser lido, mas acima de tudo para provocar reflexão, questionamento, concordância, discernimento, participação e, sobretudo, para ajudar você a sair da zona de conforto. Interprete do seu jeito, de acordo com a sua realidade, e tire suas próprias conclusões. Assimile e coloque em prática o que faz mais sentido para você, de acordo com seu contexto de vida e dentro de seus sonhos e objetivos.

Aos poucos e com atenção e foco, você vai conseguir modificar seus comportamentos, transformar-se e evoluir, empreendendo seus projetos, protagonizando sua vida, realizando seus sonhos e ajudando o mundo a ser melhor. Quando menos esperar, você terá dado o pulo do gato!

←→

Capítulo 1

Apaixone-se

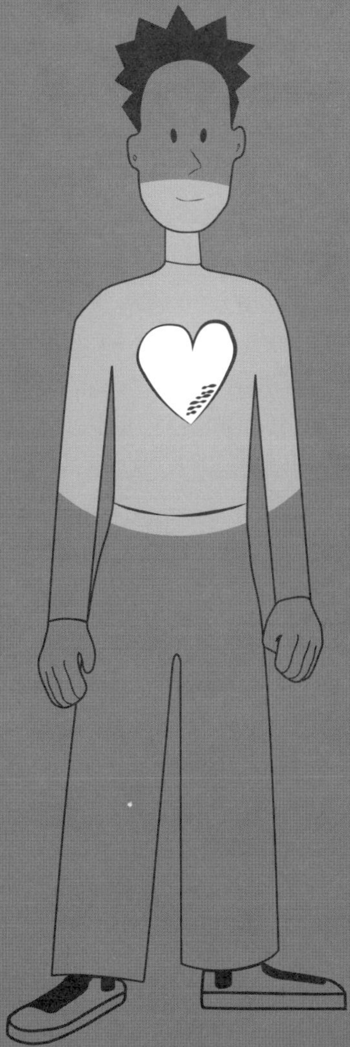

O que você AMA fazer? O que você faz nos fins de semana ou nas madrugadas sem sacrifício? Identifique seus valores, seus talentos natos e sua essência e você vai descobrir sua PAIXÃO.

A paixão é o combustível de todo empreendedor. Ela tem a ver com motivação, talento, autoconhecimento e coragem. Na pesquisa que realizei sobre o pulo do gato empreendedor, a paixão foi um dos termos mais citados pelos entrevistados, e isso confirma o que observei em todas as histórias empreendedoras que acompanhei.

Mais do que um forte sentimento, a paixão está alinhada ao autoconhecimento, à constatação da nossa singularidade e à certeza de como podemos contribuir com o nosso talento único para o mundo. Mas ela só aparece quando abrimos espaço dentro de nós, sem nos deixar levar pelas cobranças do mundo externo. Ter consciência da nossa essência é um dos presentes mais valiosos e significativos que podemos oferecer a nós mesmos.

Veja o exemplo de Sofia Esteves, fundadora da Cia. de Talentos e do grupo DMRH, referência mundial em recrutamento, seleção e desenvolvimento de jovens profissionais. Mais do que uma empreendedora de sucesso, Sofia Esteves é uma mulher apaixonada pelo desenvolvimento de pessoas. Foi por essa paixão que ela optou pela faculdade de psicologia e depois foi trabalhar com orientação de profissionais na busca por emprego.

No início da carreira, quando ainda era uma jovem recrutadora, Sofia se recusava a meramente separar currículos e enviar para os clientes. Ela conversava com os candidatos, entendia suas dificuldades e aspirações e estabelecia uma relação de confiança, fazendo uma conexão certeira entre profissionais e empresas.

Para ela, a paixão sempre foi o combustível principal do trabalho. "É o que me faz levantar da cama todos os dias. Eu brinco que deveria pagar para trabalhar, porque é uma fonte de prazer na minha vida", declara Sofia.

Com palavras muito similares, o empreendedor Rony Meisler, cofundador do grupo Reserva, que foi comprado pela Arezzo em outubro de 2020, também citou esse princípio como fundamental para a jornada empreendedora.

O carioca de classe média alta sempre foi reconhecido por sua comunicação irreverente e brincalhona. E foi dessa sua essência que nasceu a marca Reserva. Rony conta que o Dia D aconteceu quando ele estava na academia e percebeu que todos os homens usavam o mesmo modelo de bermuda. “Pensei: ou é D de demanda reprimida, com pouca gente oferecendo roupas diferenciadas, ou é D de demência mesmo, com as pessoas usando a mesma roupa sem perceber”, ele conta, divertido.

Naquele momento, Rony se sentiu desafiado e motivado. Então, decidiu se unir ao seu melhor amigo para criar bermudas descoladas. Ofereceu as peças aos conhecidos e vendeu todas de uma só vez.

Quando começou, esse empreendedor não tinha conhecimento ou experiência no setor de moda: era formado em engenharia e trabalhava como consultor em uma grande multinacional. Mas soube juntar o repertório que tinha com uma intuição aguçada e a paixão pela comunicação. Hoje, mais do que uma loja de roupas, a Reserva é um veículo de expressão, uma marca que expõe uma visão de mundo única.

Quando o entrevistei, Rony, com seu jeito entusiasmado, me respondeu: “Em vez de pensar o que vai fazer para ganhar dinheiro, você tem que pensar qual é o seu hobby. Faça um negócio a partir do que você gosta. Se alguém ama o que faz a ponto de fazer isso quando não está trabalhando, vai insistir quando vierem as dificuldades. Pense qual é seu hobby e transforme isso num negócio”, aconselha.

A verdade é que todo empreendedor de sucesso tem a paixão como combustível, e isso o coloca na aventura da realização, explica a escritora e especialista em inovação Nathalie Trutmann. Sua opinião é compartilhada por Martha Gabriel, consultora e palestrante nas áreas de marketing digital e inovação: “Não adianta saber muito de uma área, ser persistente e não gostar do que faz. Tem que ter paixão!”, diz ela em seu depoimento.

Autoconsciência: o que te faz único?

Este primeiro princípio da metodologia O Pulo do Gato Empreendedor© é um convite para que você conheça a si mesmo, sua essência, suas emoções, seus talentos e sonhos.

Representado pelo coração, o princípio do Apaixone-se reúne várias habilidades sobre as quais falaremos adiante, porque primeiro é importante destacar a importância de ter consciência desse princípio no início da jornada empreendedora.

A palavra de ordem é autoconhecimento. Precisamos entender nossas emoções, nossos talentos, nossos limites e nossas potencialidades. Como diz a filósofa Lúcia Helena Galvão, existe dentro de nós uma nota musical única que ajuda a compor a sinfonia da vida.

A verdade é que nascemos com brilho nos olhos e cheios de desejos, mas, conforme crescemos, as exigências e obrigações da vida vão nos distanciando de nós mesmos. Outras vezes, estamos tão preocupados com os barulhos externos ou as melodias alheias que não ouvimos a nossa própria nota musical.

Para recuperar essa essência é preciso olhar para dentro e procurar aquilo que nos torna únicos. Se no começo parece difícil, aqui vai uma pista importante: coloque o mundo no mudo e escute seu coração.

Procure observar quando você está feliz, com o coração vibrando e alegre. Pode ser no trabalho, na prática de um hobby, em atividades artísticas ou de lazer. Quando você se sente mais confiante, produtivo e engajado? Já parou para se perguntar por que essa atividade faz tanto sentido para você?

Outra dica importante é recorrer às lembranças de infância. Se você não se recorda, te convido a fazer um esforço e voltar no tempo. Você se lembra de quando tinha 7 anos? O que você fazia além das obrigações do colégio? Brincava na rua, lia livros, jogava videogame, assistia a programas de TV? O que te empolgava? Quais eram as suas aspirações?

Quando somos crianças, dedicamos a maior parte do tempo a alimentar nossas paixões, seja nas brincadeiras e na imaginação, seja nas relações que criamos com pais, parentes, professores e cuidadores.

Nos anos livres da infância, somos sonhadores criativos, repletos de energia e curiosidade em relação ao mundo. A nossa motivação não vem de resultados, mas de uma vontade interior e de uma identificação com algo que nos completa e nos faz sentir realizados. Naquele momento, sabemos exatamente o que fazer, onde, quando e como.

Relembre essa fase da sua vida e perceba que nessas lembranças está a fonte mais rica da nossa verdadeira essência. Ali encontramos espontaneidade, prazer, liberdade de ser quem somos.

O escritor Fabrício Carpinejar traduz esse sentimento assim: "Todos os sonhos estão guardados em nossa infância. Se não sabe se tomou o caminho certo na vida, pergunte à criança que você já foi um dia se ela seguiria por esse destino."

Quando você silencia e se escuta, consegue ouvir ao longe a sua nota musical. Ela vai ficando cada vez mais nítida e assim fortalece a sua inteligência emocional, ou seja, a capacidade de ter acesso às próprias emoções, nomeando-as e utilizando-as de maneira que ajudem a compreender e a orientar o próprio comportamento. Exercitar essa inteligência é o principal caminho para nos conhecermos e nos reencontrarmos com a nossa essência.

Somos todos únicos. Dentro do nosso mundo interior existe um universo infinito a ser explorado. Quanto mais você se conhece, quanto mais reconhece suas reais necessidades e desejos, quanto mais descobre o que te faz feliz e explora seus potenciais e criatividade, mais você sente alegria e contentamento e consegue se reconectar com a nota musical que sai da sua alma.

Ter a capacidade de sentir, entender, valorizar e aplicar efetivamente o poder das emoções como fonte de energia, informação, confiança e criatividade: esse é um dos maiores desafios na vida. Tocar a própria música em um mundo que tenta nos fazer iguais aos outros.

Nunca mude para se adequar. Seja sempre você mesmo e tenha prazer em ouvir o seu próprio tom musical.

Caixa de ferramentas

Nas pesquisas que fiz, os entrevistados citaram vários conceitos que estão conectados ao princípio da paixão, como gratidão, autoconfiança, prazer, valores e entusiasmo. Palavras que estamos acostumados a ouvir, mas que estão banalizadas, o que dificulta que consigamos entender seu significado com a profundidade necessária.

Percebi que, mais importante do que repetir fórmulas de sucesso, o caminho para o pulo do gato era conhecer o significado de cada um desses conceitos, tentar compreender como eles funcionam e criar consciência da sua importância na nossa jornada.

A seguir, cito algumas soft skills destacadas pelos empreendedores que é preciso reconhecer dentro de nós. Lembrando que só reconhecemos aquilo que já temos. Portanto, é na busca desses recursos inatos que vamos ativar essas habilidades tão necessárias.

AUTENTICIDADE: qualidade, condição ou caráter de origem comprovada. É agir de total acordo com nossa verdadeira essência, aquela que contém valores, talentos e tudo que mais prezamos na vida.

AUTOCONFIANÇA: habilidade de acreditar e ver valor em si mesmo. Demonstra confiança em seus atos e julgamentos, respeita seus sentimentos e escolhas. Quanto mais você pratica a autoconfiança, mais fica seguro de si e se posiciona de maneira assertiva.

AUTOESTIMA: significa gostar de si, valorizar-se. Contentar-se com seu modo de ser e saber que tem direito inato de aspirar a qualquer meta, propósito ou objetivo. Procure cultivar crenças positivas a respeito de si, honre sua história e suas conquistas, e goste do seu jeito de ser.

AUTOIMAGEM: é a imagem que você faz de si e como se apresenta para o mundo. Para transmitir uma boa autoimagem e se projetar para o mundo de forma coerente é importante conhecer tanto suas potencialidades como suas limitações.

ENTUSIASMO: é um estado de excitação da alma, quando se experimenta uma paixão excessiva. Uma pessoa entusiasmada está disposta a enfrentar dificuldades e desafios, não se deixando abater e transmitindo confiança aos demais ao seu redor.

ORIGINALIDADE: qualidade do que é singular. Capacidade de expressar-se de modo independente, original e individual; ser em essência.

GRATIDÃO: a palavra deriva do latim *gratitudo*, com o sentido de se sentir agradecido. É a ação de reconhecer um benefício que lhe foi feito ou de demonstrar seu agradecimento a alguém ou ao universo quando você se sente feliz, próspero e realizado.

IDENTIDADE: a nossa identidade se forma de acordo com a nossa história de vida. É um conjunto de elementos que determinam o quanto somos únicos e irreplicáveis. No entanto, não são apenas os acontecimentos que determinam nossa identidade, mas também, e principalmente, o significado que damos para cada situação.

INSPIRAÇÃO: um estado mental ou da alma caracterizado pela sensibilidade, elevação intelectual e agudeza do entendimento.

INTELIGÊNCIA EMOCIONAL: habilidade que permite modular e regular a resposta emocional, mesmo diante de situações de crise, pressão e estresse. A inteligência emocional é uma soft skill fundamental para o sucesso, além de ser muito importante para garantir boas relações e satisfação na vida.

MEMÓRIA: nossa história e nossas experiências nos tornam pessoas únicas e formam nossa identidade. Quando você conhece e compreende a sua história pessoal, você consegue amadurecer seu senso de identidade e sua inteligência emocional.

PRAZER: sensação ou emoção agradável, ligada à satisfação de uma vontade ou necessidade. É obtido por meio de atividades que ativam seu humor e energia e trazem uma emoção agradável para você se manter motivado, grato e inspirado.

SENSIBILIDADE: refere-se à percepção aguda ou receptividade a respeito de algo, como as emoções de um indivíduo.

TALENTO: um gosto especial, uma aptidão, uma predisposição espontânea para algo, uma capacidade inata para desempenhar com destreza determinada tarefa.

VALORES: são princípios profundamente arraigados que orientam nossos pensamentos, comportamentos e ações. Cada indivíduo tem sua própria perspectiva e valores baseados em suas experiências de vida, crenças pessoais e familiares, conhecimentos etc.

Isso de ser exatamente o que se
é ainda vai nos levar além.

PAULO LEMINSKI

Artefato: matrioska

Você conhece a matrioska? É um conjunto de bonecas de tamanhos crescentes colocadas uma dentro da outra. Criada há mais de 120 anos, a matrioska iniciou sua trajetória como um brinquedo instrutivo e em pouco tempo conquistou o mundo, tornando-se o mais conhecido ícone popular da Rússia.

Ela é um símbolo que evidencia que dentro de nós cabem mais de um Eu.

Já parou para pensar em quantos papéis acumulamos ao longo da vida? Somos filhas e filhos, irmãs e irmãos, sobrinhas e sobrinhos, amigas e amigos, mães, pais, profissionais, parceiros. Em cada um desses lugares, vamos reunindo experiências e acumulando aprendizados, como as várias camadas de uma matrioska.

Tem um poema da Cora Coralina de que gosto muito chamado "Todas as vidas". Nele, a poetisa conta o que vive dentro de si, descortinando várias camadas de sua identidade.

Em um workshop sobre poesia que fiz com o professor André Gravatá, ele propôs um exercício para que nos apresentássemos aos colegas com um poema que mostrasse o que vive dentro de nós. Com essa inspiração, escrevi este texto:

Todas as vidas

Vive dentro de mim...
A mãe, a filha, a irmã, a neta, a mulher
Vive dentro de mim...
A jornalista, a curiosa, a amante dos livros, a escritora
Vive dentro de mim...

A empreendedora, a guerreira, a professora, a parceira,
a trabalhadora, a aprendiz
Vive dentro de mim...
A que fala, a que cala, a que sente, a que ressente, a que acredita, a
que pratica
Vive dentro de mim...
Tantas que sei e tão poucas diante do que ainda não sei.

Gostei tanto da ideia que propus esse mesmo exercício para centenas de pessoas em aulas e workshops que ministrei pelo Brasil. Confesso que ouvi textos arrebatadores, tocantes. Por isso, eu te convido para esse mesmo desafio: o que vive dentro de você?

Se foi difícil escrever o poema, não se preocupe. Precisamos de tempo para nos conhecer. Para ajudar, vamos começar alguns exercícios práticos para ativar o princípio do Apaixone-se dentro de nós.

Exercícios

Agora que vimos os conceitos e valores contidos no princípio do Apaixone-se, é hora de ativarmos essa soft skill com alguns exercícios práticos.

1→ Meditação: um estado de presença

A meditação é uma técnica milenar que pode ser praticada por qualquer pessoa de qualquer idade, independentemente de religião. É uma ferramenta de autoconhecimento que já atravessou várias gerações, e seus benefícios são conhecidos desde a Antiguidade.

Atualmente é grande o número de pessoas que utilizam a meditação para se conectar a si mesmas, observando o seu eu interior. Assim como os exercícios físicos fortalecem os músculos, a meditação fortalece a mente.

Recomendo que você faça este exercício de acordo com sua rotina, mas que, antes de começar, desligue o celular, o computador e a televisão. Existem várias formas e tipos de meditação, então escolha aquela que for mais efetiva para você. Há pessoas que estão mais relaxadas de manhã, outras à tarde ou à noite.

É preciso ter uma âncora meditativa para retomar a atenção sempre que somos desviados. Neste exercício podemos utilizar a respiração como âncora. Foque o momento presente. Se por acaso a sua mente viajar, gentilmente retorne a atenção para a sua respiração.

Vamos começar?

→ Sente-se numa postura confortável, com as costas eretas.

→ Esteja imóvel, relaxado e atento.

→ Sua respiração deve ser tranquila, abdominal, com maior consciência. Sinta sua inspiração e expiração.

→ Traga a sua atenção para o aqui e agora.

→ Sua mente deve estar concentrada, mas relaxada. Não reprima seus pensamentos, mas também não os siga. Deixe que venham e vão, não os prenda na sua mente.

→ Dê um espaço livre para sua mente. Depois de um tempo ela vai se acalmar.

→ A meditação chega quando há um estado de pensamento puro, mas ainda consciente.

2→ Autorreflexão: olhe para si mesmo

Agora que você já está relaxado e em estado de presença, separe um tempo para fazer uma reflexão sobre você e a sua vida. É importante que você saiba que não existe certo e errado, apenas o seu jeito, por isso tente responder às perguntas a seguir com a maior sinceridade possível.

- **Pense no passado:** reflita sobre a sua infância, revise suas memórias. Quando você era criança, quais eram as suas brincadeiras favoritas? O que você mais gostava nelas? Como respondia à pergunta: "O que você vai ser quando crescer?"
- **Pense no presente:** qual a melhor coisa em sua vida atualmente? O que te faz feliz? Onde e como você se sente melhor? O que é realmente importante para você? Quais são seus valores mais arraigados? Como você encerra seu dia? O que ficou daquela criança que você foi?

- **Pense nos seus gostos:** quais são os assuntos que mais chamam a sua atenção? O que você lê nas horas vagas? Quais atividades você adora a ponto de ficar completamente focado e não perceber o tempo passar? Quais são suas preferências, interesses e passatempos? Quais temas você sempre busca na internet? Sobre qual assunto adora conversar? Por que está vestido assim?
- **Pense nas suas motivações:** o que traz brilho aos seus olhos? Quais os valores éticos e os preceitos que orientam sua vida? Se só pudesse fazer uma coisa para o resto da vida, o que seria? O que faz sem esforço e pode fazer nos fins de semana ou nas madrugadas sem grande sacrifício? O que você faria só por divertimento? Em geral, a paixão é encontrada nas atividades livres.
- **Pense nos seus talentos e habilidades:** o que faz de você uma pessoa única? O que você tem de melhor? Quais são as suas características ímpares? Todo mundo tem qualidades que se destacam. Não seja modesto; faça uma lista com todos os seus pontos fortes. O que faz você sentir admiração por si mesmo? Que palavra (escolha apenas uma!) melhor te define? Como você expressa suas qualidades no dia a dia?

Essas perguntas oferecem uma excelente reflexão sobre motivações, preferências, habilidades e competências. Escreva as respostas ou grave um áudio ou um vídeo e retome-o sempre que achar importante para o avanço do seu autoconhecimento. E isso é muito importante para sua jornada hoje e sempre.

3→ Inteligência emocional

Você sabe reconhecer suas emoções? O que te traz alegria e bem-estar? Quando mais se sente em paz? O que te faz sorrir? Quando se sentiu em segurança, alegre, relaxado e feliz? Quando se sentiu entusiasmada? Quando sentiu necessidade de partilhar sua alegria? As emoções são como uma bússola interna: elas dão sentido ao que vivenciamos e também comandam nossas ações, por isso é importante entendê-las. Fazem parte de nós, mas não nos definem: assim como chegam, as emoções se vão.

Para aprender a identificar as emoções, é preciso prática e autoconhecimento. É preciso se familiarizar com elas. Prestar atenção às nossas reações. Assim, conseguimos lidar com as emoções com mais facilidade.

Perceba como o seu corpo reage a elas. Por exemplo, quando sente medo, seu coração acelera? Quando está com raiva, seu corpo fica tenso?

Identificar os sinais que indicam o que estamos sentindo facilita a compreensão de como as emoções funcionam e torna mais fácil controlá-las (antes que elas nos controlem).

Saber qual é a emoção que estamos sentindo nos ajuda a saber qual ação devemos realizar para alcançar o que precisamos. Vamos fazer um exercício simples sobre isso.

- **Dê nome ao sentimento e/ou à emoção:** pare e ouça sua voz interior. O que está sentindo? Quais as sensações? Onde essas sensações se localizam no seu corpo?
- **Identifique as causas:** a partir das respostas anteriores, fica mais fácil saber a origem de seu sentimento. Só assim você poderá estabelecer uma ação para lidar com ele.
- **Determine uma ação:** o que precisa ser feito? É o caso de mudar o que está sentindo ou de aceitar a emoção?

4→ Roda da vida

A roda da vida é uma ferramenta que ajuda a refletir sobre diversas áreas. Criada pelo norte-americano Paul J. Meyer nos anos 1960, ela ajuda as pessoas a identificarem os pontos que estão em harmonia com suas prioridades, bem como os que precisam de maior atenção e cuidado. Também ajuda a colocar as coisas em perspectiva e traz mais equilíbrio entre todos os aspectos relacionados à vida. É um instrumento poderoso, com potencial transformador para quem a utiliza com atenção e paciência.

Aprenda a seguir como aplicar a roda da vida à sua realidade.

- **Pontuação:** atribua uma nota de 0 a 10 para cada área. Dedique muita atenção a essa atividade, abuse da sinceridade e evite julgar a si mesmo. Por exemplo, na área social, pergunte-se: tenho feito voluntariado? Ajudo outras pessoas no meu dia a dia? A partir dessas respostas, você poderá definir seu nível de comprometimento nessa área e atribuir a nota que acha condizente. No fim, depois de avaliar todas as categorias, ligue os pontos e tenha um panorama holístico do seu momento atual.
- **Reflexão:** com o desenho pronto, você consegue visualizar que áreas estão com nota baixa e quais estão com nota alta, ou seja, em quais áreas você considera que seu desempenho deixa a desejar e em quais está se saindo bem. Pense se o resultado te deixa feliz ou se você precisa de mudanças. Qual área você prioriza e para qual precisa dar mais atenção? Reflita sobre sua situação e trace um plano de ação para conquistar mais equilíbrio e satisfação. É preciso que você faça esse exercício de autoconhecimento. Os resultados podem te surpreender.

Roda da vida

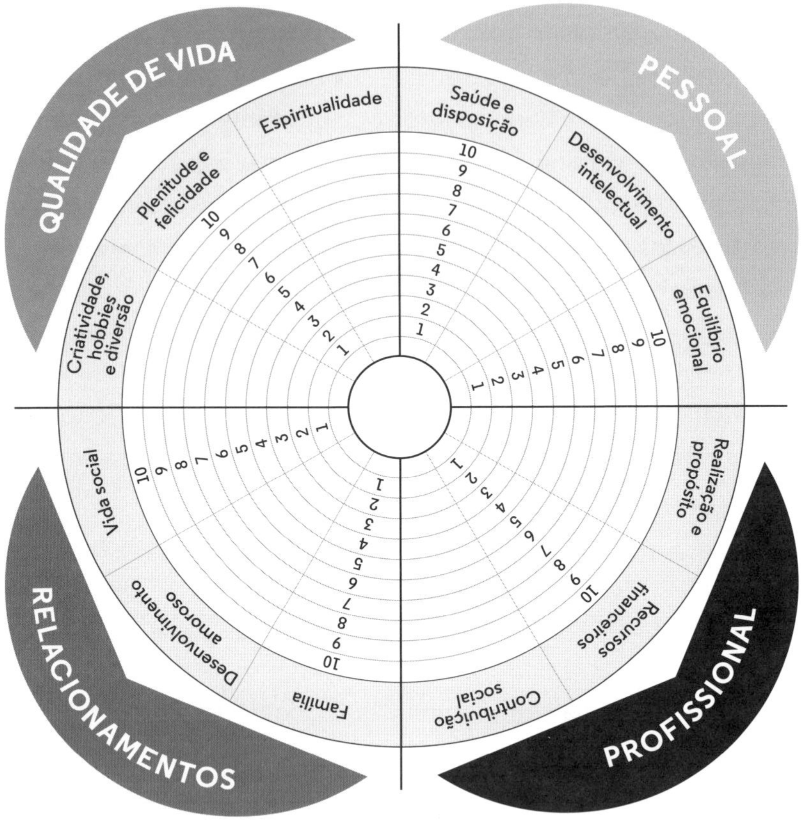

5→ Linha da vida

Este exercício ajuda a fazer um histórico da sua vida para perceber o que te deu mais orgulho e satisfação. Para fazê-lo, siga as instruções.

- **Trace uma linha horizontal e uma vertical em uma folha de papel, formando os dois eixos de um gráfico:** o vertical representa o prazer e o entusiasmo, o horizontal representa a passagem do tempo.

- Marque os pontos altos e baixos da sua vida profissional, os mais importantes, que podem ser eventos específicos, conquistas, as principais mudanças, tanto positivas quanto negativas.
- Depois de ter listado ao menos dez eventos, ligue os pontos.
- Na mesma folha, escreva uma frase que resuma cada evento importante. A ideia é capturar alguns trabalhos-chave que te trouxeram satisfação. Tente descrever cada evento usando verbos como "Planejar", "Ensinar", "Projetar" etc.
- Agora é hora de se divertir com a descoberta. O que você estava fazendo nos momentos de maior satisfação? Em que contexto você estava? Por que estava feliz? Que atividades e ações estavam envolvidas? Essas atividades coincidem com alguma área da sua roda da vida?

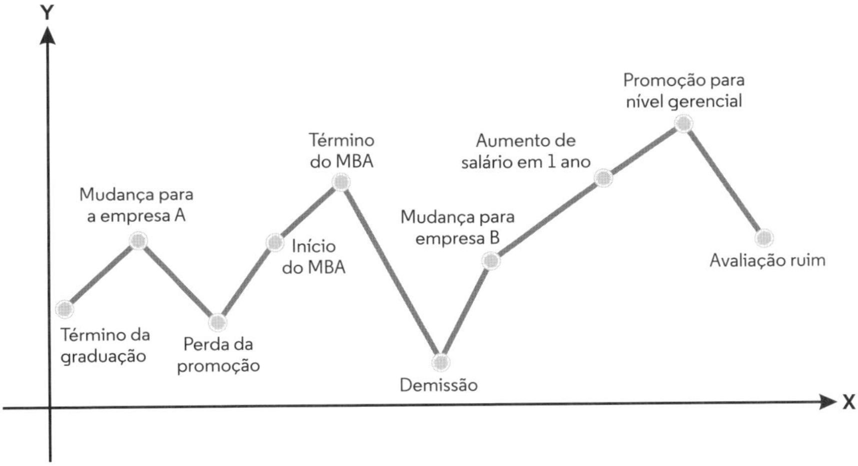

Conclua a atividade fazendo um pequeno resumo. Note as mudanças na sua carreira. Como você se sente em relação a elas? Escreva um resumo sobre suas descobertas e cite as cinco atividades que mais trouxeram satisfação e entusiasmo. Essa é uma boa descoberta sobre o que te entusiasma verdadeiramente.

6→ Atitude de gratidão

Você já parou para pensar o que te faz agradecer pela vida? Saiba que esse é um fator essencial para ativar a energia do princípio da Paixão. A atitude de gratidão é o caminho mais fácil para abrir o seu caminho interior e acessar o coração, a sua verdadeira essência.

Falar em gratidão pode parecer piegas, em especial quando não temos esse sentimento latente em nós. Mas saiba que a gratidão é capaz de potencializar todas as nossas habilidades, evitando que racionalizemos tudo.

Todos precisamos de recursos, técnicas, ferramentas, habilidades e experiências para desempenhar bem os nossos papéis profissionais, sociais e familiares, porém é a gratidão que eleva o nosso valor à máxima potência.

A boa notícia é que a gratidão pode ser cultivada. Você pode ativar seus momentos de inspiração e gratidão de diversas formas, por exemplo, ouvindo uma música, vendo um filme ou uma série que desperta emoções, relendo trechos de livros ou textos que marcaram a sua vida, estando junto da família e dos amigos etc.

Tudo isso forma o seu patrimônio emocional, constitui parte da sua história e faz toda a diferença para a sua vida e o seu estado de espírito. Ser grato é uma prática inteligente, que te prepara devidamente para as batalhas e também para estar de coração aberto para as oportunidades que a vida dá. Somente com gratidão conseguimos enxergar o quanto somos privilegiados por tudo o que nos acontece. Quer ter consciência disso? Responda às perguntas a seguir.

- Eu sou grato porque tenho…
- Eu sou grato porque sou…
- Eu sou grato porque aprendi…
- Eu sou grato porque posso…
- Eu sou grato porque sei…
- Eu sou grato porque não preciso…

7→ Despertar dos sentidos

Você sabia que a visão representa 80% da percepção pelos sentidos? Ela é um dos sentidos mais importantes, mas pode atrapalhar o desenvolvimento dos demais. Por isso, é preciso exercitar as possibilidades e os insights que os outros sentidos podem trazer. A prática do mindfulness, ou atenção plena, pode ser utilizada para nos conectar com o aqui e agora. Para exercitar os cinco sentidos, que tal partir para a atividade a seguir?

- **Paladar:** mastigue bem cada porção de alimento, sem pressa, como se fosse um ritual. De olhos fechados, tente distinguir os ingredientes e os sabores do prato.
- **Tato:** perceba as texturas e temperaturas dos objetos ao seu redor. Sinta a maciez dos tecidos, explore os carinhos e cafunés.
- **Visão:** pratique a contemplação. Observe detalhadamente as pessoas e as paisagens, com o objetivo de deixar seu olhar cada vez mais preciso.
- **Olfato:** feche os olhos e procure identificar as nuances e sutilezas dos diferentes aromas presentes em comidas, ervas, perfumes, flores, óleos essenciais, animais.
- **Audição:** de olhos fechados, investigue os sons à sua volta. Se estiver ouvindo música, procure identificar os instrumentos que formam a melodia ou os tons da voz de quem está cantando.

8→ Teste de personalidade

A tipologia de Myers-Briggs, ou teste MBTI (Meyer-Briggs Type Indicator), é um instrumento amplamente utilizado como teste de personalidade e foi desenvolvido para identificar o nosso tipo psicológico entre 16 tipos diferentes de personalidade.

A avaliação MBTI pode ser aplicada por meio de um questionário estruturado com alternativas opostas, que refletem as preferências já estudadas no método.

É possível fazer o teste na internet. Acesse o site: https://www.16personalities.com/br

9→ SWOT pessoal

A análise SWOT, ou FOFA, é uma ferramenta de gestão utilizada para fazer o planejamento estratégico de empresas. No campo pessoal, ela atua da mesma forma e ajuda a pessoa a fazer uma autoanálise e identificar suas Forças, Oportunidades, Fraquezas e Ameaças, ou FOFA (em inglês: *Strengths, Weaknesses, Opportunities* e *Threats*, ou SWOT). Reflita a partir das perguntas abaixo e em seguida complete a sua análise SWOT.

- **Forças:** quais são minhas maiores qualidades, dons e talentos? O que consigo executar aparentemente "sem esforço"? Por quais feitos costumo receber elogios? Quais são os meus diferenciais, aquilo que se destaca em mim? O que eu tenho que me torna um ser humano único?
- **Oportunidades:** possuo uma mente empreendedora e tenho disposição para aprender? Tenho abertura para mudanças? Qual é o meu engajamento na realização dos meus sonhos? Como está a minha dedicação ao meu crescimento e minha atenção ao mercado? Como usar meus pontos fortes a meu favor?
- **Fraquezas:** quais são os meus vícios e/ou as atitudes que prejudicam meu crescimento? O que me faz sentir incomodado comigo mesmo? Quais atividades tenho que me esforçar muito para executar? Como meus pensamentos e crenças sabotam meu sucesso? Quais feedbacks recebo para melhorar?
- **Ameaças:** quais são as minhas principais dificuldades atualmente? Quais são os comportamentos e as crenças que

podem sabotar meu sucesso? Quais as chances de me sabotar profissionalmente? Quais aspectos da minha personalidade podem me afetar negativamente? Quem e/ou o que pode atrapalhar o meu sucesso profissional e pessoal?

10→ Curtograma

O curtograma é um bom exercício de percepção que leva ao autoconhecimento. Ele serve para identificar seus interesses e tentar encontrar a convergência entre o que você gosta e o que sabe fazer bem.

No quadro abaixo, descreva situações ou mesmo atividades que correspondam às afirmações no topo. Apenas coloque o que você lembrar de cada afirmação. Tente não levar muito tempo para responder, valem as primeiras recordações que vierem à mente. Ao final, olhe para o diagrama completo e perceba no seu conjunto em quais situações existem mais descrições e em quais existem menos.

Desse conjunto é possível reconhecer o que precisa ser alterado, talvez passando algo para o outro quadro a fim de equilibrar seus quadrantes. Refaça-o periodicamente e vá construindo metas e objetivos a partir de suas percepções.

GOSTO E SEI FAZER	NÃO GOSTO E SEI FAZER

GOSTO E NÃO SEI FAZER	NÃO GOSTO E NÃO SEI FAZER

Capítulo 2

Vislumbre

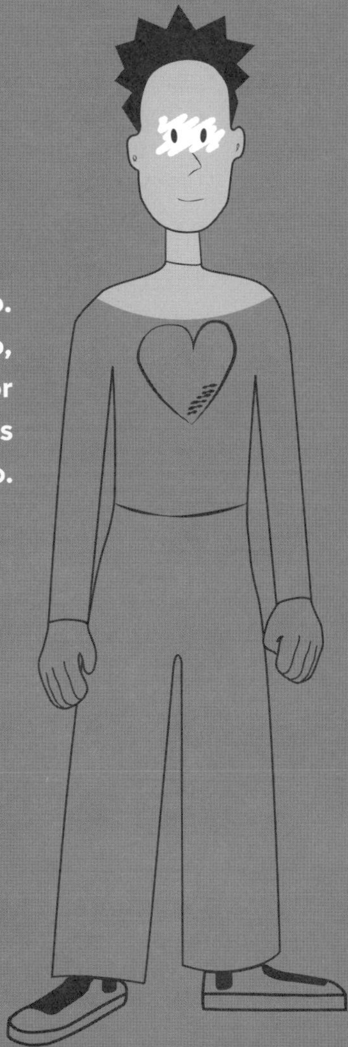

Acostume-se a mirar o futuro. Aprenda com o passado, mas foque no que está por vir. A certeza dos visionários transforma o mundo.

Ao longo de mais de dez anos de pesquisa no empreendedorismo, percebi que as pessoas de sucesso são aquelas que VISLUMBRAM, ou seja, veem o mesmo problema que todos, mas enxergam uma solução que ninguém imaginou.

"Enquanto o mundo inteiro está vendo para crer, o empreendedor crê primeiro e vê depois", conta Flávio Augusto da Silva, fundador da Wiser Educação e considerado um dos principais nomes do empreendedorismo brasileiro. Ele sustenta essa crença por conta da sua própria história. Em 1995, quando não tinha nenhum recurso para empreender, Flávio pediu um empréstimo bancário no valor de 20 mil reais e, sem falar uma palavra de inglês, criou uma escola de idiomas que se tornou uma das maiores franqueadoras do Brasil, a Wise Up. Ele diz que o negócio já existia em sua mente muito antes de torná-lo real. Empreendedores como Flávio são ávidos por observar a realidade, descobrir quais são as lacunas de mercado e, a partir desse aprendizado, criar oportunidades promissoras.

Só um futuro detalhado primeiro na mente é capaz de ser trilhado no mundo real. Para isso, é fundamental VISLUMBRAR o futuro que queremos criar.

Uma das entrevistas mais impactantes que fiz desde o início do projeto do Pulo do Gato Empreendedor© foi com o professor e filósofo Mario Sergio Cortella. Referindo-se ao escritor Lewis Carroll e sua famosa obra *Aventuras de Alice no País das Maravilhas*, Cortella disse que o pulo do gato é lembrar do gato da Alice, que ela encontra duas vezes no seu caminho. No primeiro encontro nada acontece, pois Alice está perdida naquele mundo. Na segunda vez, ela encontra o gato no alto da árvore e pergunta:

> "Gatinho de Cheshire [...], pode por favor me dizer qual o caminho para sair daqui?"
>
> "Isso vai depender de onde você quer chegar", respondeu o Gato.
>
> "Não me importa muito onde...", ia dizendo Alice.

"Ora, para quem não sabe aonde vai qualquer caminho serve", disse o gato.

Para Mario Sergio Cortella, o sucesso do empreendedor está fundamentado na clareza sobre aonde se deseja ir: "Quando a gente sabe onde quer chegar, junta o material, faz a mala, vê o que precisa, dosa o ritmo, descansa, acelera e, portanto, empreende", explica ele num vídeo que gravei e que viralizou no canal d'O Pulo do Gato Empreendedor, que mantenho no Youtube.

Ao vislumbrar, o empreendedor acredita em seu sonho e trabalha para torná-lo realidade. Foi o que aconteceu com Ozires Silva, fundador da Embraer. Com 12 anos, na década de 1940, ele se entretinha com os amigos numa pista de aeronaves na cidade de Bauru, interior de São Paulo. Vendo as pequenas aeronaves, o menino já vislumbrava longe e muito alto. Ele pensava: "Por que não fabricamos aviões no país do inventor Santos Dumont?"

A partir do sonho de produzir aeronaves com uma marca brasileira, Ozires Silva construiu uma trajetória ascendente, que foi do menino visionário ao profissional determinado que se formou engenheiro aeronáutico no Instituto Tecnológico de Aeronáutica (ITA) e virou piloto. Ele idealizou a construção do avião comercial Bandeirante e em 1970 inaugurou a Embraer, que se tornou uma das maiores fabricantes de jatos do mundo.

Falar sobre a história da aviação no Brasil e não lembrar de Ozires Silva é impossível. Sua capacidade empreendedora e seu olhar para o futuro ajudaram a desenvolver a indústria da aviação brasileira. E a Embraer é só uma parte do legado construído por Ozires nas últimas décadas. Ele deixou sua marca também na educação, na ciência e na tecnologia, quando atuou como ministro de Estado.

Aos 90 anos, Ozires Silva ainda tem muito fôlego, exigindo do interlocutor raciocínio rápido. Quando questionado sobre o pulo do gato do empreendedor, ele responde: "Não desista nunca do seu sonho." E logo depois, com seu pragmatismo peculiar, emenda: "Mas os empreendedores brasileiros também precisam entender o que o seu produto resolve e para quem será vendido."

Com esse conselho, Ozires mostra que o vislumbre não é simplesmente imaginar algo impossível, mas uma habilidade fundamentada principalmente na percepção das necessidades e dos desejos de um público-alvo. Ou seja, encontre o que as pessoas querem e crie um jeito de lhes oferecer isso: essa é a essência de todo negócio bem-sucedido.

Para os especialistas, o empreendedor é antes de tudo aquele que está disposto a resolver problemas. A professora da FGV Maria José Tonelli explica que é importante fazer o que gosta, mas é imprescindível fazer alguma coisa útil para as pessoas.

Como podemos ver, o VISLUMBRE do empreendedor é mais do que desejar um futuro bom apenas para si mesmo. Trata-se de alinhar os seus desejos às demandas da sociedade.

Em uma entrevista que fiz com Silvio Meira, cofundador do Porto Digital em Recife e uma das figuras mais inovadoras do Brasil, o pesquisador resume: "O pulo do gato é descobrir quem vai pagar por um determinado produto ou serviço, como, onde, quando e, principalmente, por quê."

Traduzindo em linguagem empreendedora: procure descobrir o que as pessoas querem, apresente sua ideia de solução e observe se elas estão dispostas a pagar pelo seu produto e/ou serviço. Pergunte-se: Como posso ajudar as pessoas? Como posso proporcionar mais valor? Qual o problema deles? Eu consigo ajudar a resolver? Um negócio só tem sucesso em razão do valor que proporciona a seus clientes.

Autoconsciência: o que te move?

"Nunca se afaste de seus sonhos. Porque, se eles se forem, você continuará vivendo, mas terá deixado de existir." A frase de Mark Twain fala sobre saber quem somos e o que queremos, e esse é o grande sentido do segundo princípio do Pulo do Gato Empreendedor©. Representado pelos olhos, o princípio do VISLUMBRE significa uma visão de longo prazo, alinhada com nossos valores e também com as necessidades do nosso tempo.

O que sabemos sobre o dia de amanhã? Muito pouco. Mas temos o poder da imaginação para vislumbrar e construir o futuro que almejamos. Nesse sentido, vislumbrar é muito mais do que apenas enxergar o óbvio: é ver algo que ainda não existe e acreditar que é possível realizar.

Uma estratégia infalível para apurar nossa visão é expandir horizontes, experimentar, ampliar nossa percepção de mundo para imaginar futuros promissores. Porque, se continuarmos a ser como sempre fomos, pensar e acreditar no mesmo de sempre, vamos continuar a ver tudo igual.

Ao nos abrirmos para o mundo, ficamos receptivos a novas possibilidades e conseguimos conceber ideias que extrapolam os limites da nossa mente. Conseguimos fazer conexões incomuns, combinar experiências diferentes e explorar novos sentimentos e pensamentos.

"Quando abro os olhos todas as manhãs, não estou encarando o mundo, mas um milhão de mundos possíveis", disse o escritor inglês Colin Wilson. A escolha é sempre nossa. Que mundo queremos ver hoje? Suas oportunidades vão se multiplicar no momento em que você decidir enxergá-las.

Portanto, minha sugestão é: amplie seu repertório. Tente observar e absorver tudo o que acontece à sua volta. Abra-se para a diversidade!

Associe diferentes fontes de informação, vindas de lugares e pessoas improváveis. A inspiração de que você precisa pode estar na conversa com aquela pessoa que pensa diferente de você, que pode ajudá-lo a ver as coisas por outra perspectiva.

Coloque sua curiosidade em movimento, escute novas músicas, leia livros, poesia, cerque-se de pessoas criativas, vá a lugares desconhecidos, faça coisas diferentes.

Segundo o especialista em inovação Ary Scapin, é preciso desenvolver habilidades como ser curioso e investigador. Para ele, o empreendedor deve ser um eterno aprendiz: "Buscar tendências, conectar-se com o mundo, entender o que está acontecendo. Correr atrás e não ter medo do risco, inovar sempre", afirma, salientando que é daí que surge a matéria-prima para o pulo do gato.

Ao explorar o mundo, abandonamos as amarras das crenças limitantes e acessamos insights poderosos. É aí que acontece a mágica.

Ozires Silva, por exemplo, imaginou que poderia construir aviões quando ainda era um menino. Numa época em que o Brasil não conseguia fabricar nem bicicletas, Ozires não se intimidou e vislumbrou algo audacioso. Em sua jornada, é claro, ele enfrentou muitos desafios, mas não se desviou do caminho, porque estava conectado ao seu objetivo.

Então, é hora de se questionar: qual é o *seu* referencial de sucesso? O que faz sentido para a *sua* vida? Aonde você quer chegar?

Em muitos anos dando mentoria a pessoas de todas as idades, gêneros e classes sociais, já ouvi muitas respostas: alguns querem ganhar muito dinheiro, outros querem viajar pelo mundo, viver aventuras. Muitos buscam no amor e na família a realização dos seus sonhos. Ter fama, reconhecimento e prosperidade financeira também está no topo de prioridades de algumas pessoas. E, cada vez mais, tem gente que se preocupa com a sua vida interior: ter espiritualidade e viver em paz com a natureza.

Não importa o que você deseja. Não existe certo ou errado. Seja qual for o seu referencial de sucesso, é preciso que ele seja, antes de tudo, sonhado. Para isso, o vislumbre é fundamental. É nessa etapa que o sonho ganha forma, cor, textura e sabor na sua cabeça.

Nesse sentido, sonhar é um trabalho vigoroso. É o estágio de planejamento na criação de nosso futuro. Exige autoconfiança e coragem e causa um efeito extraordinário sobre quem sonha.

Segundo a empresária e investidora Camila Farani, quando estamos conectados a algo maior, focamos a realização, superamos desafios e nos sentimos livres dos detalhes. Para ela, "quando o sonho é grande, os obstáculos são pequenos".

Caixa de ferramentas

Quando sabemos o que queremos, dedicamos energia, tempo, conhecimentos e experiências na busca por aquilo que desejamos conquistar. Para vislumbrar o futuro são necessárias várias habilidades, como observação apurada, perspicácia, curiosidade, sagacidade e principalmente ousadia para seguir uma ideia que ninguém ainda está enxergando. Veja a seguir quais são as soft skills do princípio VISLUMBRE:

ACREDITAR: é a crença de que você será bem-sucedido nos seus projetos. Significa ter fé em que é possível obter os resultados almejados. Para acreditar é preciso muito mais do que ter pensamento positivo; é necessário ter esperança e a sensação de que você já sabe o que quer, independentemente de como isso vai acontecer.

CRIATIVIDADE: é a capacidade de criar, produzir ou inventar coisas novas em qualquer área da vida. A criatividade vem da inspiração – e da transpiração – humana. Diante da extrema velocidade com que tudo acontece atualmente, ser criativo é um grande diferencial para buscar resoluções eficientes para os mais diversos problemas.

CURIOSIDADE: é a capacidade natural e instintiva que o ser humano tem de buscar novas experiências e conhecimentos. Quem tem curiosidade consegue se preparar antecipadamente para o que há de novo.

DISCERNIMENTO: é ter clareza de ideias e raciocínio sagaz, sendo capaz de compreender e captar o contexto para tomar boas decisões na vida pessoal e profissional. Em um mundo com abundância de informações, o discernimento e a capacidade de analisar ganham grande importância para guiar as escolhas que precisamos fazer todos os dias.

ESTRATÉGIA: é a produção de planos para atingir objetivos, a combinação entre os fins e os meios. De forma geral, estamos sempre atarefados cuidando dos "problemas" do nosso presente. Qualquer pessoa que estude ou entenda de estratégia sabe que se afogar em "urgências" não é nada estratégico.

INTUIÇÃO: é a combinação de sabedoria e conhecimento inconsciente que nos impele a fazer alguma coisa. É aquela sensação de saber algo sem passar pelo processo de raciocínio consciente e chegar a uma conclusão sem um motivo lógico. A intuição aparece quando você não sabe como sabe, mas sabe que sabe, e saber que você sabe é tudo o que você precisa saber.

IMAGINAÇÃO: é a faculdade mental de conceber, criar e representar imagens novas a partir da combinação de ideias, em especial a habilidade de usar a imaginação de forma proativa.

INQUIETAÇÃO: é a condição de quem não se conforma, que sonha com a mudança de status quo. Uma pessoa inquieta reflete, formula ideias, questiona, mantém a curiosidade e aprende a fazer as perguntas corretas. A inquietação é a origem da inovação.

INTENÇÃO: é o nosso propósito, desejo, intento. Aquilo que pretendemos fazer, nosso plano, nossa ideia. Está conectada à nossa essência e valores e aparece a cada pensamento, ação e interação nossa com os outros. A intenção tem mais a ver com a nossa identidade. Propósito significa aquilo que você coloca adiante; é o que te inspira, o que dá sentido para sua vida todos os dias.

OBSERVAÇÃO: a tendência à observação é um traço comum a todas as pessoas que buscam sempre saber, conhecer e entender mais sobre diversos assuntos. Observar colabora para aumentar o repertório e criar soluções inovadoras a partir do inusitado.

PERSPICÁCIA: é a qualidade da pessoa que tem inteligência e sagacidade, que tem facilidade para perceber alguma coisa; que entende com facilidade o que a maioria das pessoas acha difícil de perceber. Dos pequenos detalhes do cotidiano pode surgir a matéria-prima necessária para a reflexão e a construção do futuro.

PLANEJAMENTO: ter planos de ação na teoria e mensurados na prática, revistos constantemente para alcançar os objetivos traçados, é o que define o planejamento como fator essencial para quem deseja atingir seus objetivos.

VISÃO: é a capacidade de identificar a oportunidade no momento certo. Trata-se de saber antecipar os acontecimentos, tomar uma decisão e ir adiante, sempre em linha com os próprios valores e propósitos. Uma pessoa com visão sabe o que quer fazer na vida e consegue, muitas vezes, estar à frente.

SERENDIPIDADE: é a aptidão para atrair acontecimentos aleatórios, aqueles que se descobre "acidentalmente", por acaso, e que acabam indicando a solução para algo de forma inesperada. Mas a serendipidade tem tudo a ver com a habilidade de prestar atenção naquilo que realmente importa. Quando você busca algo, de alguma forma você atrai isso. É preciso estar aberto e ter olhos para reconhecer o que passaria despercebido para outras pessoas.

TOMADA DE DECISÃO: é a habilidade de selecionar entre várias alternativas, saber filtrar o essencial e fazer escolhas assertivas. Quando você dá um passo para a frente, alguma coisa fica para trás, mas cada escolha traz uma oportunidade. Cada queda, um aprendizado. Cada atitude, uma consequência.

Artefato: daruma

O daruma é um talismã popular originário do Japão. O boneco é a representação de Bodidarma, o monge indiano fundador do zen budismo, e sua imagem remete à realização dos desejos e à perseverança.

Segundo a tradição, o daruma é vendido com os olhos brancos. Deve-se pintar apenas um olho do boneco e fazer um pedido. O outro olho só será pintado quando o desejo se realizar. Mas, diferentemente da lâmpada mágica de Aladim, cujo gênio realiza os desejos de seu amo, o daruma apenas observa o sonhador ir em busca dos seus objetivos.

O futuro pertence àqueles que acreditam na beleza de seus sonhos.

ELEANOR ROOSEVELT

Ou seja, para o daruma, o sonhador e o realizador são a mesma pessoa: nós! Por isso, precisamos cuidar dos nossos sonhos com energia, foco e dedicação, o que só é possível vislumbrando o futuro com os olhos da alma. Para tanto, é preciso estabelecer para si mesmo objetivos relevantes, encontrar caminhos e estratégias e ter iniciativa e motivação para atingir esses objetivos.

Então, a primeira coisa a fazer é ter clareza sobre aquilo que realmente se quer. O sonhador tem que ter discernimento para não se perder no excesso de estímulos e conseguir escolher aquilo que realmente desperta o seu desejo por realizar. É uma jornada que reserva inúmeros desafios e obstáculos e que precisa de comprometimento e garra.

Paola Tucunduva, uma das mais experientes coaches de empreendedores do Brasil, afirma que, quando uma pessoa vislumbra um projeto que tem forte significado pessoal, consegue estabelecer metas, superar desafios e realizar ações para concretizar seu sonho.

Depois que obtemos a imagem do que pretendemos ser, o próximo passo nesse caminho é planejar o trabalho a ser feito. É quando o sonhador se torna o realizador de seus desejos, o seu próprio gênio da lâmpada. Se não temos como prever o futuro, podemos reduzir a incerteza com planejamento e nos preparar para o que está por vir. Pode ter certeza de que o daruma estará à espreita observando tudo.

Exercícios

Agora é hora de exercitar as habilidades que te colocam em contato com seu vislumbre e com a intenção do que você quer para sua vida. É o vislumbre que vai te guiar daqui para a frente. Vamos lá?

1→ Liberando a intuição

Dizem que a intuição é uma percepção direta do mundo, a espontaneidade da nossa primeira mente e sabedoria inata.

A melhor visão é a intuição.

THOMAS EDISON

Existem diversos métodos para acessar a nossa intuição. O ponto de partida é formular uma questão para o subconsciente de forma simples e direta. Quanto mais específica for a pergunta, mais direta será a resposta. Depois, deixe o problema de lado e vá fazer outra coisa, distraia-se dando uma volta, lendo um livro ou dormindo. Isso permite que a resposta emerja naturalmente.

Atente também para os sinais sutis que podem aparecer na forma de sons, imagens e sensações cinestésicas, como calafrios e arrepios, um odor no ar, uma brisa que toca a pele. São lampejos intuitivos que podem validar a nossa percepção, contanto que estejam equilibrados com o bom senso e a nossa sensibilidade.

Por fim, há a nossa escuta interna. É preciso libertar a mente controladora, despir-se de ideias preconcebidas e ouvir a si mesmo. Respire profundamente, ative sua intuição e veja as perguntas a seguir.

Você pode experimentar falar ou escrever suas respostas, ou simplesmente ler, sentir e refletir sobre estas questões:

- Como estou me sentindo hoje?
- Como quero me sentir?
- O que eu gostaria de dizer para mim mesmo?

2→ Quadro dos sonhos

Agora que você liberou sua intuição, é hora de fazer o quadro dos sonhos. Essa ferramenta ajuda o cérebro a criar um cenário positivo em torno dos nossos objetivos, trazendo à tona os desejos sobre quem gostaríamos de ser. Isso ajuda a criar a base necessária para ir cada vez mais longe em suas realizações.

O quadro dos sonhos é uma espécie de mural com ilustrações, fotos ou montagens. É uma representação visual de tudo aquilo que desejamos alcançar em diversas áreas da vida. Além disso, funciona como um reforço diário, um lembrete do que é importante e do motivo dessa importância. Por isso, é fundamental que você pense e avalie internamente o que deseja para a sua vida. Comece com questões mais amplas e vá afunilando o contexto, tornando-se mais específico.

Para construir seu quadro dos sonhos, siga estes passos:

- Defina quais são seus objetivos, que desejos quer realizar, em qualquer área da vida.
- Busque imagens que ilustrem cada um desses objetivos. Escolha imagens inspiradoras, que tenham significado para você dentro daquele contexto. Você pode, ainda, desenhar algo que faça referência a determinada meta.
- Disponha essas imagens em um mural (pode ser digital, de papel, de madeira, de cortiça, com ímãs, como você preferir).

Você pode agrupá-las por tema, ou de acordo com o prazo para a realização (curto, médio ou longo).
- Complemente com frases, palavras, trechos de livros, enfim, qualquer elemento que esteja relacionado ao alcance de uma meta.
- Deixe seu mural sempre à vista, em um local onde você consiga visualizá-lo várias vezes por dia. A ideia é que você acesse o quadro com frequência e, a partir disso, oriente seus padrões cerebrais para a realização dos seus objetivos.

O quadro dos sonhos não se resolve sozinho. É preciso que você eduque o cérebro a ativar uma atitude proativa diante dos seus desejos. Por isso, em pelo menos um momento do seu dia, observe o mural e visualize-se já tendo alcançado suas metas, já vivendo a vida que sonha para si. Experimente a sensação sem dar atenção alguma para o modo *como* isso vai acontecer. Sinta sua mente e todo o seu ser como se seus desejos já tivessem se realizado. Coloque intenção e use palavras de afirmação, como *eu posso*, *eu escolho*, *eu aceito* e *eu agradeço*, em vez de *eu preciso* ou *eu quero*. Acredite que seu pedido será atendido. Aja como se ele já estivesse manifestado. Confie no universo e desapegue-se do resultado.

3→ Crie sua bússola

Para saber aonde vai, o primeiro passo é saber o seu ponto de partida. Por isso, pare por um momento e se pergunte:

- Estou feliz onde estou?
- Gosto do que eu faço?
- O que preciso fazer para alcançar o que desejo?
- O que está me impedindo de conseguir o que quero?
- Quais são as principais oportunidades ao meu redor no momento?

Descreva em detalhes o contexto da sua vida neste momento. Leia as perguntas a seguir, reflita sobre elas e anote as respostas em um caderno:

- O que te deixa mais satisfeito? E mais insatisfeito?
- O que você gostaria que fosse diferente na sua vida? Por quê?
- Cite três coisas que estão ao seu alcance e que você pode mudar.
- Qual é seu maior objetivo para os próximos três meses?
- Como essa jornada pode te beneficiar? E como pode beneficiar outras pessoas?
- Descreva seu objetivo em apenas uma frase.
- Qual é o principal combustível que te moverá até esse objetivo?
- Como você se sentirá ao cumprir a meta?
- Quais benefícios essa meta trará para sua vida no curto, médio e longo prazo?
- Como esse objetivo te desafia?
- Como você saberá que chegou aonde gostaria?
- Existe alguém que já alcançou esse objetivo a quem você pode pedir conselhos?
- Cite três motivos secundários que te inspiram a alcançar esse objetivo.
- Alcançar esse objetivo pode te prejudicar de alguma forma?
- Descreva três mudanças que devem ser realizadas na sua vida. Quais desafios e benefícios elas representam?
- Você está disposto a pagar o preço?
- Qual será a maior batalha pessoal que você vai enfrentar para chegar lá?
- O que está te segurando? Medo do sucesso ou de falhar?

Responder a essas perguntas vai ajudar a entender onde você está, quais os seus objetivos e os passos para chegar até o resultado final. Isso servirá como ponto de partida para sair da sua zona de conforto e se lançar nos desafios da vida.

4→ Análise de cenários

Para colocar o sonho em prática, precisamos projetar cenários. Os especialistas nessa área nos orientam a sempre projetar dois cenários: o melhor possível e o pior possível. Com sorte, o caminho do meio se torna viável para a terceira etapa do sonho: a realização.

A técnica de programação neurolinguística (PNL) chamada "Sonhador, Realista e Crítico" é um ótimo exercício para estimular a criatividade e a imaginação, pois mostra três pontos de vista diferentes para a mesma questão. Para isso, pense em um tema e aborde-o como se fossem três pessoas com formas de ver distintas: o Sonhador, o Realista e o Crítico.

- **Sonhador:** dê asas à sua imaginação e crie o projeto mais ousado que puder. Não limite sua inventividade nesse momento.
- **Realista:** analise o que é possível e realizável no plano. Veja quais ações devem ser realizadas para chegar ao resultado desejado.
- **Crítico:** com o plano feito, crie todas as objeções que imaginar para o projeto. Pense em tudo que pode dar errado e desconstrua o plano.

Ao analisar suas próprias ideias como se fossem de outra pessoa, você diminui suas inibições e autocríticas, pois é uma "personagem" que está sendo sonhadora, realista ou crítica, não você.

Dessa forma, as mais variadas ideias podem surgir e depois, ao pinçar o melhor de cada uma, você terá um projeto mais bem organizado, criativo e com boa parte das possíveis falhas já resolvidas.

5→ Tomada de decisão

Tomar decisões importantes é sempre muito difícil. Você sabia que ao longo do dia, um adulto toma em média 35 mil pequenas decisões? Como saber qual a certa, qual parâmetro escolher, quão rápido decidir? Muitas vezes, quando temos que tomar uma decisão, gostamos de criar justificativas e acabamos nos enrolando e criando expectativas e argumentos evasivos.

Este exercício foi baseado no livro *Discipline equals freedom* [Disciplina é igual a liberdade, em tradução livre], escrito pelo soldado norte-americano Jocko Willink, que explica seu processo de tomada de decisão: pense como uma máquina.

Máquinas tomam decisões binárias: 0 ou 1. E você pode fazer o mesmo, apenas trocando os números por "sim" ou "não". Veja alguns exemplos:

- Vou ler um livro hoje? Sim ou não?
- Vou apertar o botão de soneca do despertador? Sim ou não?
- Vou sair da dieta e comer aquela pizza? Sim ou não?
- Vou fazer exercícios físicos? Sim ou não?

Depois que decidir, vá direto ao ponto e responda:

- Qual a importância da decisão para minha vida?
- Como vou fazer para agir com base no que decidi?
- Quais consequências eu posso colher?

Com essas respostas, você estará preparado para decidir, agir e receber as consequências de suas decisões. Vá em frente!

6→ Mapa mental, ou visual thinking

Quantas vezes sentimos dificuldade em organizar pensamentos ou planejar pequenas ações do cotidiano? Você sabia que o cérebro aprende muito mais quando "vê" imagens organizadas que seguem padrões e categorizam conteúdos tal qual um roteiro?

Em tempos de excesso de informação, pensar visualmente se tornou algo imperativo. Uma tela em branco pode ser um recurso poderoso para quem quer compartilhar suas ideias de maneira criativa e inspiradora. Palavras e imagens, quando juntas, podem nos ajudar a pensar, lembrar, sentir, mostrar caminhos, entender e desvendar.

Um dos métodos mais utilizados para agrupar e organizar ideias é o mapa mental, que procura representar, com o máximo de detalhes possível, as conexões existentes entre as informações. Os desenhos sempre partem de um eixo central a partir do qual são irradiadas as mensagens relacionadas, dando forma e contexto ao conjunto de ideias. Os elementos são arranjados intuitivamente de acordo com a importância dos conceitos, o que facilita a visualização do conjunto de ideias e abre espaço para a compreensão e a solução de problemas.

Mas como fazer um mapa mental? Ele pode ser elaborado no computador (por exemplo, com a ajuda de sites como o Mindmeister – https://www.mindmeister.com/pt ou o Miro – https://miro.com/pt), ou à mão, com canetas coloridas e uma folha de papel, mas o princípio é o mesmo: partir de um conceito central e colocar ao redor dele os desdobramentos possíveis. Confira mais dicas a seguir.

- No centro, escreva uma palavra ou coloque uma imagem que represente o assunto a ser desenvolvido.
- Use imagens, símbolos, códigos e dimensões em todo o seu mapa mental.

- Coloque cada palavra/imagem sozinha e em sua própria linha. As linhas devem estar conectadas com a imagem central. As linhas centrais são mais grossas, orgânicas, e afinam-se à medida que irradiam para fora do centro.
- Use várias cores em todo o mapa mental para a estimulação visual e também para codificar ou agrupar.
- Desenvolva seu próprio estilo pessoal de mapeamento da mente.
- Use ênfases e mostre associações no seu mapa mental.
- Mantenha o mapa mental claro, usando hierarquia radial, ordem numérica ou contornos para agrupar ramos.

7→ O poder das perguntas

Aprender a responder é uma habilidade de inteligências artificiais; aprender a perguntar é uma habilidade humana. No mundo atual, veloz e instável, as respostas são variadas e datadas, então saber fazer boas perguntas é uma habilidade crucial. Elas instigam, fazem pensar, suscitam a reflexão e a mudança de comportamento. As perguntas nos ajudam a solucionar problemas, tomar boas decisões, expandir a criatividade e o aprendizado.

Se você está empacado em algum problema, é porque está fazendo a pergunta errada. "Pensar em coisas novas exige fazer novas perguntas, e não responder às mesmas perguntas melhor ou de formas diferentes", explica o consultor em liderança Paulo Vieira de Campos.

Você já parou para pensar em quais perguntas precisa fazer para transformar seus problemas em soluções? Crie novos caminhos fazendo boas perguntas. Para melhorar a qualidade delas, alguns passos são imprescindíveis, a começar pela escuta em busca da clareza. Veja algumas dicas:

- Aprenda a fazer perguntas que colaborem e que promovam uma reflexão, mostrem outro caminho, um novo ponto de vista.
- Perguntas fechadas geram respostas dicotômicas (*sim* ou *não*, *certo* ou *errado*) e apenas oferecem a confirmação ou negação de algo que já está na mente de quem fez a pergunta.
- Perguntas abertas trazem novas informações que ainda não estão na cabeça de quem perguntou e permitem que a pessoa que vai responder possa refletir e parar para pensar. Se você quer fazer uma pergunta aberta, inicie a frase com: *O que*, *Onde*, *Por que*, *Quando*, *Como* ou *De que maneira*.

8→ Comece com o seu "porquê"

O círculo de ouro é uma técnica que ajuda pessoas e empresas a encontrarem o seu porquê. Seu criador é Simon Sinek, escritor, palestrante e consultor que ficou conhecido por sua palestra no TED *Talks* intitulada "Como grandes líderes inspiram ação".

Em resumo, o círculo de ouro é a descoberta do seu porquê, o que lhe permite ter mais clareza sobre aquilo que realmente é importante para a sua vida. Uma vez que você saiba POR QUE faz o que faz, o "o que" e o "como" são o que menos importa.

Sendo assim, identifique e escreva no menor círculo abaixo qual é o seu porquê, o seu propósito e legado. Por exemplo: o meu porquê é inspirar e ajudar as pessoas a crescer por meio da autoconsciência e do exercício de soft skills. Como fazer isso? Por meio da minha escrita. O que fazer: este livro que você agora tem nas mãos.

Agora é com você: qual é o seu porquê?

Círculo de ouro

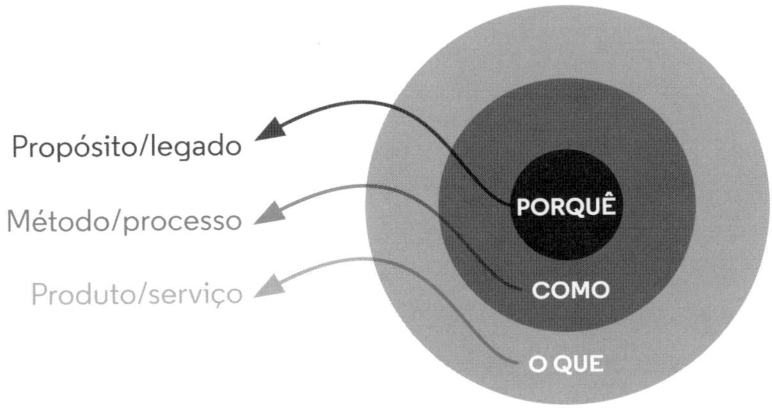

9→ Criatividade = combinatividade

A palavra "criatividade" tem um peso enorme e quase sempre é entendida como a responsabilidade de criar algo novo, do zero, inovador e que funcione. Mas isso não é bem verdade.

> *O homem criativo não*
> *é o homem comum*
> *ao qual se acrescentou algo.*
> *O homem criativo é o*
> *homem do qual nada se tirou.*
>
> ABRAHAM MASLOW

A criatividade é apenas mais uma capacidade útil para lidar com diversas situações do trabalho e da vida. Foi por isso que o especialista em criatividade Murilo Gun criou o termo "combinatividade", que significa combinar coisas já existentes de um jeito novo, fazer combinações inesperadas para resolver os problemas que aparecem na vida.

Mas a criatividade não surge do nada. Você precisa ler, saber mais sobre a sua área de atuação – ou a área em que gostaria de atuar –, entender o que já foi feito, o que já existe, o que deu certo, o que deu errado.

Esses conhecimentos e ideias mais cedo ou mais tarde vão se conectar, e é aí que a tal da criatividade aparece. De acordo com Murilo Gun, para experimentar um nível criativo de pensamento, tudo o que precisamos é a imaginação.

Quando criança, você usava sua imaginação instintivamente, como deve ser. Sonhava acordado e fazia de conta. Se lembrarmos da lição de Einstein, que disse que "a imaginação é mais importante que o conhecimento", então, voltar àquele estado de autoconfiança e sonhos vai trazer benefícios para nossa capacidade de criar soluções inovadoras e imediatas para nossos problemas.

10→ Meta SMART

Colocar no papel objetivos e sonhos a serem realizados é comum, mas, quando o assunto é colocar em prática, a questão fica mais complicada. Por isso, é importante ter ferramentas que auxiliem nesse processo. Uma das mais usadas é a meta SMART. Trata-se de um acrônimo em inglês que pode ser traduzido assim para que a sua meta seja:

- **S (*Specific*)**: específica – "o quê?".
- **M (*Measurable*)**: mensurável – "quanto?", "de que forma?", "como?".
- **A (*Achievable*)**: atingível – "é viável?".
- **R (*Relevant*)**: relevante – "é importante?", "está alinhado com meus valores?".
- **T (*Time-based*)**: temporal – "quando?".

Para cada meta, pense nos conceitos acima e anote suas respostas em um quadro como este:

Metas SMART

Metas SMART Responsável: ____________________ Área: ________

eSpecíficas	Mensuráveis	Atingíveis	Relevantes	Temporais

Com a prática da meta SMART, é possível criar uma rotina e realizar nossos objetivos. Quando sabemos exatamente o que queremos é mais fácil colocar a meta para funcionar. Por exemplo, se você pretende praticar uma atividade física, mas sempre diz "segunda-feira eu começo", pode usar essa ferramenta para ajudar nessa tarefa. Vamos supor que você deseje emagrecer cinco quilos fazendo exercícios físicos. Sua meta é:

- **ESPECÍFICA:** praticar corrida.
- **MENSURÁVEL:** três vezes por semana por uma hora.
- **ATINGÍVEL:** sim, é possível! Você tem esse tempo disponível.
- **RELEVANTE:** muito importante, por causa da saúde.
- **TEMPORAL:** hoje e pelos próximos seis meses.

Imagine o orgulho de cumprir a meta SMART e, conforme nosso exemplo, colocar a foto do antes e depois? Esse resultado também podemos obter em um projeto, um negócio, um empreendimento.

←→

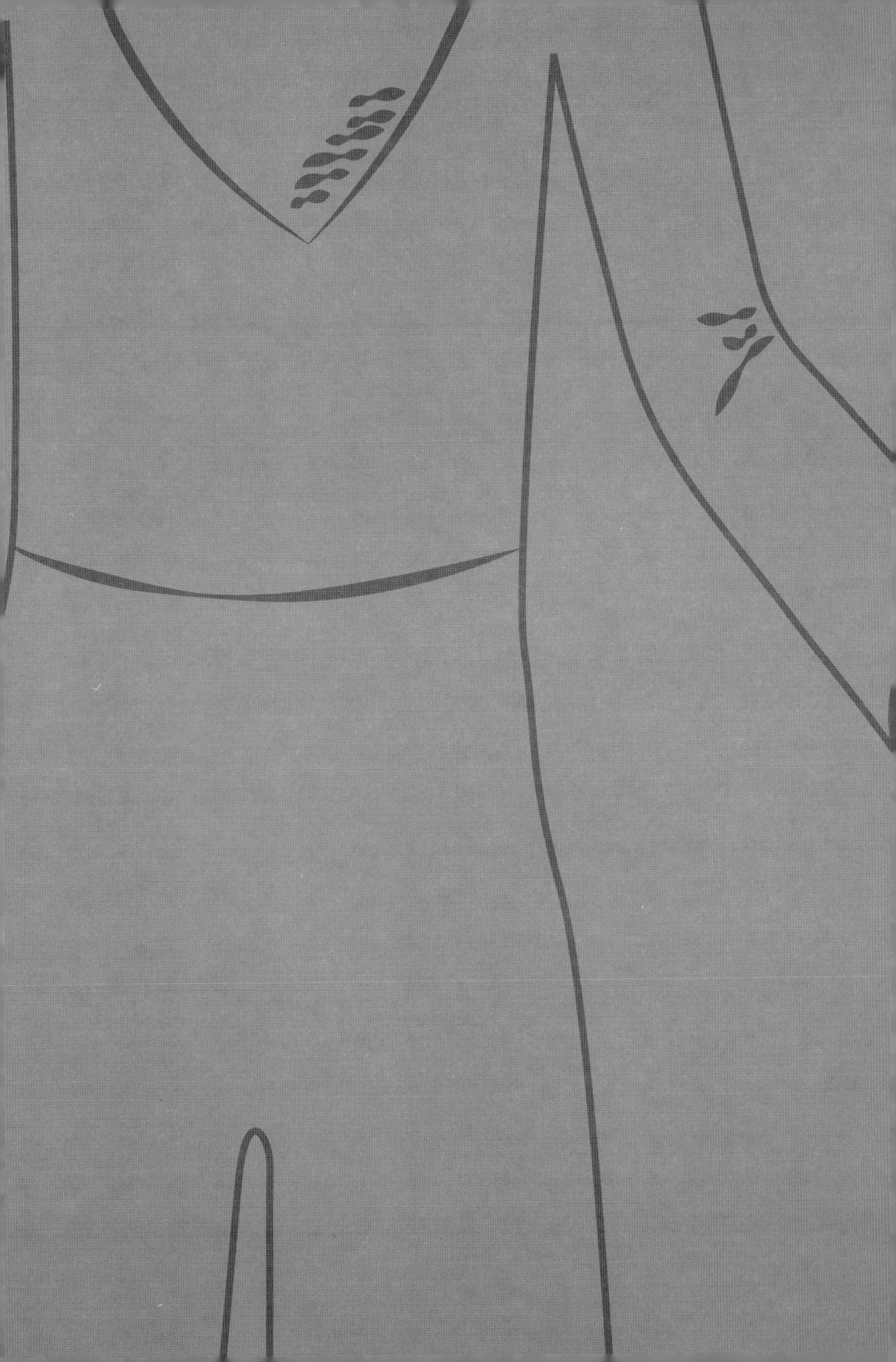

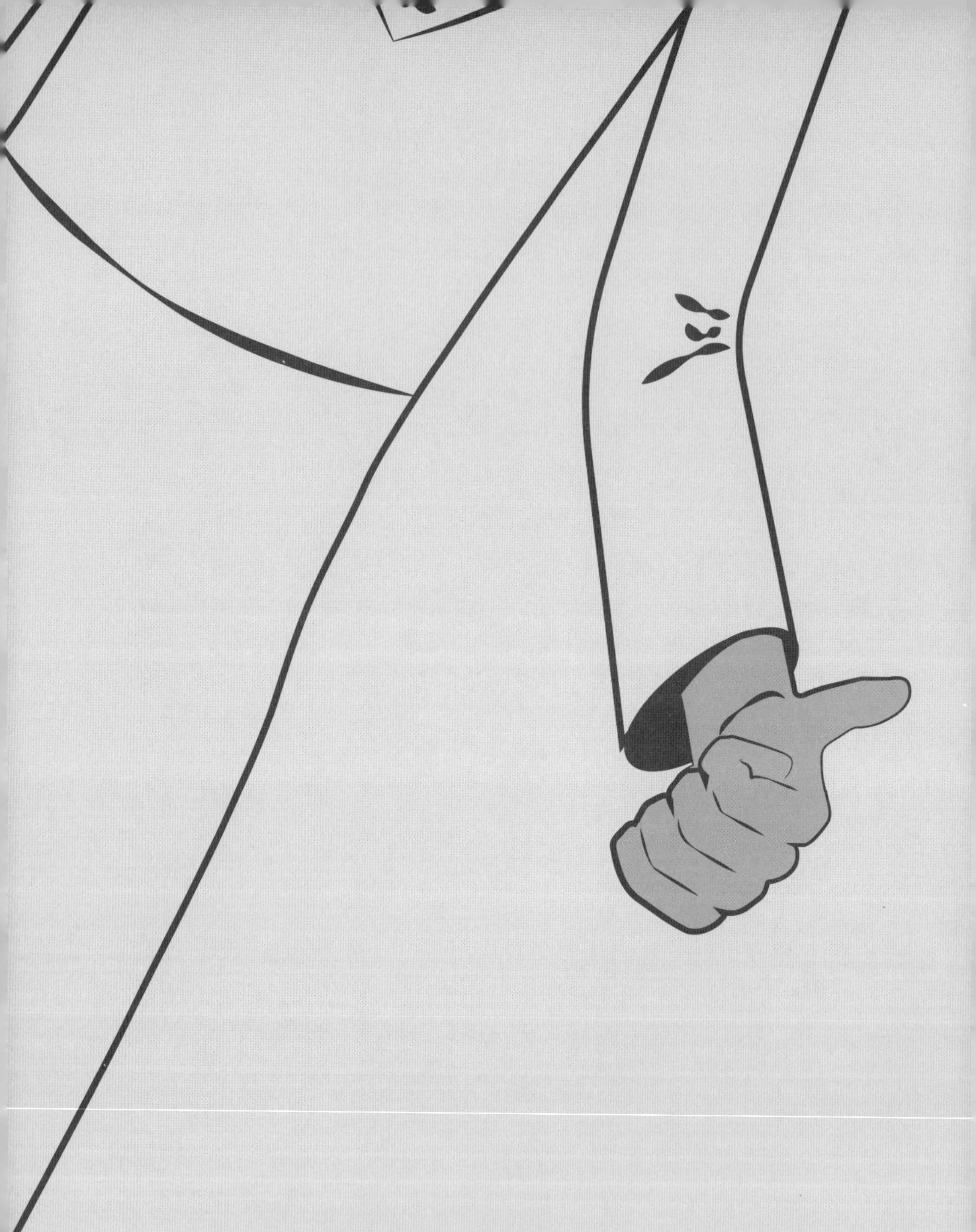

Capítulo 3

Faça

Não espere ter tempo, nem dinheiro. MOVIMENTE-SE para atingir seus objetivos. Se escorregar, tente de novo. Quem tem medo de errar também não tem chances de acertar.

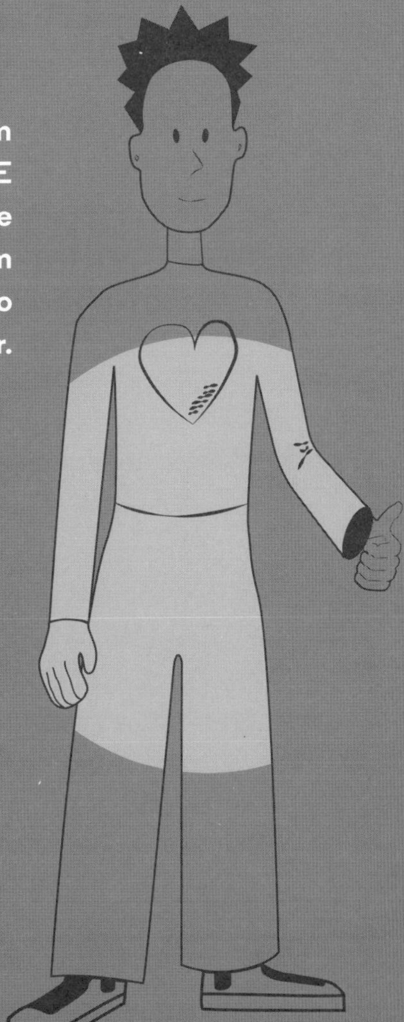

Fazer é uma das características mais visíveis das pessoas de sucesso, seja nos negócios, seja na vida. Elas se preparam, planejam, realizam, executam, constroem e, principalmente, criam oportunidades quando estas ainda não existem.

Quando lancei o projeto do Pulo do Gato na 3ª Virada Empreendedora, em 2013, fiz uma série de cartões-postais com todos os princípios da metodologia e distribuí para a plateia escolher com qual mais se identificava. Não deu outra: 70% do público escolheu o cartão do FAÇA.

Os cartões-postais que usei na 3ª Virada Empreendedora, em 2013, para representar os princípios da metodologia O Pulo do Gato Empreendedor©

A própria Virada Empreendedora, criada pela empreendedora Ana Fontes, é um exemplo de como o FAÇA é importante. Conheci a Ana em 2010 no curso "10.000 mulheres", um programa voltado para estimular o empreendedorismo feminino, financiado pela Goldman Sachs e ministrado na FGV-SP. Éramos uma turma de quarenta empreendedoras dispostas a obter capacitação, um grupo heterogêneo, com características e qualidades distintas, mas logo percebemos o diferencial da Ana: ela era uma realizadora.

Um dia, Ana e eu falamos sobre a vontade de reunir empreendedoras com as mesmas dificuldades para se ajudarem mutuamente. Em pouco tempo, ela inaugurou um dos primeiros coworkings de São

Paulo. Logo depois, organizou um evento que reuniu pequenos empreendedores para troca de experiências, serviços e informações. Era o embrião da Virada Empreendedora, que começou como um evento tímido em 2011 e tornou-se um dos maiores do Brasil, recebendo destaque da grande imprensa. Ana afirma: "O pulo do gato é a execução! Ter uma boa ideia é incrível, mas de nada vale se você não conseguir concretizá-la".

A lição que aprendi com Ana Fontes e com outros tantos empreendedores com quem conversei nos últimos anos é: comece de onde estiver, use o que tiver e faça o que puder! Não basta sonhar. É preciso realizar, executar, construir. Afinal, a vida não oferece garantias, apenas oportunidades que precisam ser aproveitadas.

Neste ponto, eu gostaria de chamar a atenção para uma questão importante que confunde quem fica iludido com a ideia de que fará apenas aquilo de que gosta. Muito pelo contrário. O pulo do gato está em FAZER o que é importante. E isso não significa trabalhar somente com aquilo que ama, mas principalmente estar disposto a trabalhar por algo maior.

Mesmo que muitos digam que fazer o que gosta é premissa para ser feliz, o grande segredo do FAÇA é colocar amor em tudo o que você realiza, porque nem sempre faremos só aquilo de que gostamos. Costumo dar este exemplo nas minhas aulas: quem é pai, mãe ou cuidador sabe o sacrifício que é cuidar de uma criança. São noites sem dormir, gastos intermináveis, dúvidas e cansaço, mas é a paixão por aquele ser humano que nos coloca em ação para fazer o melhor possível.

Foi o que a empresária Carla Sarni, fundadora da rede de franquias Sorridents, fez desde o primeiro dia de sua jornada empreendedora. Quando entrevistei Carla para um documentário sobre sua trajetória, ela me disse: "O pulo do gato é ter determinação. O sucesso não está na profissão e sim na atitude das pessoas."

Em sua trajetória, Carla mostra que teve atitude quando saiu de sua cidade ainda muito jovem para estudar odontologia em Alfenas, no sul de Minas Gerais. Na época, trabalhou vendendo roupas para custear a faculdade. Depois de formada, montou seu primeiro consultório com muito sacrifício até ter a ideia de criar uma rede de franquias de serviços odontológicos acessíveis para as pessoas de baixa renda. O negócio deu tão certo que a Sorridents virou *case* a ser estudado na conceituada Universidade Harvard, nos Estados Unidos.

Para todos os empreendedores que entrevistei, a distância entre sonho e conquista se chama atitude. Não há nada errado em sonhar. Aliás, muitas vezes é o que nos move. O problema é que as pessoas confundem sonhos com objetivos. Sonhos não pagam as contas. Objetivos, por outro lado, podem pagar, se você trabalhar duro para alcançá-los. Pode não ser hoje nem amanhã, mas a cada passo dado com firmeza as oportunidades aparecem.

Se você não pode voar, corra. Se não pode correr, caminhe. Se não pode caminhar, engatinhe, mas FAÇA o que tiver que fazer!

Autoconsciência: o que te realiza?

Tem coisa melhor do que acordar e logo sentir vontade de pular da cama para fazer alguma coisa que te motiva? Guarde essa sensação bem fundo no coração, pois é ela que vai te levar para os caminhos mais incríveis da sua vida.

A motivação é um ingrediente essencial para capturar o espírito empreendedor de qualquer pessoa. É a força mobilizadora que nos coloca em ação. Uma frase atribuída a Mahatma Gandhi diz que "a força não provém da capacidade física, mas de uma vontade indomável". Não é à toa que esse princípio é representado pelas mãos: é arregaçando as mangas e colocando a mão na massa que teremos resultados.

No entanto, muita gente tem medo de agir, porque tem medo de correr riscos e se frustrar. Então, por receio, prefere continuar na zona de conforto. Mas é preciso ter em mente uma coisa: o medo faz parte. É o mecanismo que nos protege de perigos, mas também pode servir de âncora e nos distrair dos objetivos principais. Não correr riscos até parece uma opção cômoda, mas sem desafios não existe mudança, crescimento e evolução. Por isso, é preciso distinguir o medo saudável daquele que paralisa.

Para sair da vibração do medo, a dica é silenciar os pensamentos sabotadores e as crenças limitantes e partir para a ação. O medo de fazer algo só pode ser curado quando fazemos o que tememos. É o que permite que você se livre das suas próprias amarras. Por isso, não tenha medo de sonhar, tentar e agir. Entre o medo e a superação, existe uma trajetória que começa na zona de conforto e termina na conquista de seus objetivos e metas.

No começo você vai sentir insegurança: é normal! No entanto, depois de superar o medo da mudança, as coisas vão ficando mais fáceis. Aos poucos, os desafios te ajudam a desenvolver novas habilidades e expandir seus limites. O importante é ter consciência desse processo, pois assim você poderá treinar sua mente para enfrentar o medo. Depois disso, você alcança os resultados que pareciam tão distantes. Veja essa trajetória no gráfico a seguir.

A jornada de crescimento

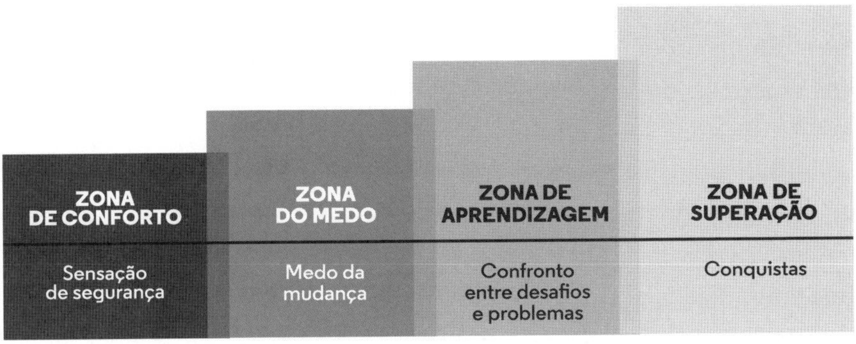

O único erro é não começar. Sabemos que sair da zona de conforto é um desafio grande. Mas tenha certeza de que, se você decidir dar o primeiro passo, já estará fazendo um grande trabalho. A maioria das pessoas adia seus sonhos e metas porque acha que jamais vai alcançá-los. Elas têm medo da rejeição, do risco de serem criticadas, de parecerem tolas, de não estarem à altura do que é pedido, de fracassarem, e acabam impondo a si mesmas barreiras bem maiores do que as reais. Isso se chama autossabotagem. Não deixe que ela paralise seus planos.

Lembre-se de que você não precisa ser o melhor em alguma coisa para começar; basta tomar a iniciativa de fazer algo e agir apesar dos riscos e do medo de errar. E você só faz isso quando tem um desejo maior do que o medo.

O sucesso é constituído por
10% de inspiração e 90% de transpiração.

THOMAS EDISON

Entrar em ação, independentemente de sentir ou não vontade de agir, é a pequena faísca de que você precisa para acender a nossa fogueira. Fazer uma coisa é o que nos leva a fazer outra. Trata-se de uma lei do universo: um objeto em movimento permanece em movimento. Esse é o pulo do gato. Perceba que, ao realizar algo, você reforça seu próprio valor, alimenta sua autoconfiança e autoestima e vai conquistando novos horizontes, alcançando uma poderosa sensação de plenitude.

Então, antes de dizer que não consegue, tente. Quem tem medo de errar também não tem chances de acertar. Fale consigo mesmo em um tom gentil e não tema o erro. A coragem de falhar é uma habilidade poderosa. Fazer e errar traz experiência. Não fazer gera uma sensação de fracasso. Tudo que vale a pena exige algum tipo de risco, seja ele financeiro ou físico, ou mesmo psicológico. Mas com a mentalidade certa é possível se preparar para os desafios da vida.

Para o especialista em vendas Ricardo Jordão, o pulo do gato é sonhar grande, começar pequeno e crescer rápido. Ele diz: "Se quer começar um negócio, comece com uma venda e um cliente. A vigésima quinta coisa a se preocupar é um escritório, funcionários... Seu negócio tem que ter receita, tem que vender. É preciso criar essa cultura desde o primeiro dia".

Caixa de ferramentas

Já vimos que, para concretizar nossos sonhos, temos que partir para a ação. Podemos estudar sistematicamente, mas é preciso superar a hesitação e tomar atitudes. Para colocar em prática esse princípio, existe uma série de soft skills, como determinação, ousadia e coragem. Vamos ver detalhadamente cada uma delas na nossa caixa de ferramentas.

AUTODISCIPLINA: a autodisciplina é a consistência de determinado comportamento para conquistar algo. Uma pessoa autodisciplinada é aquela que é organizada, perseverante e que respeita os demais. Ela também é capaz de traçar planos e de agir com constância para atingir seus objetivos.

AUTONOMIA: é a capacidade de tomar boas decisões de forma independente, escolher caminhos que façam sentido e tragam bem-estar para a pessoa que decide se governar por meio de seus próprios recursos. É uma maneira de assumir a proatividade e o protagonismo diante da vida.

COMPROMETIMENTO: o compromisso é uma responsabilidade que se assume, enquanto o comprometimento se baseia na existência de interesse no que se está realizando. Trata-se de ser consistente e de cumprir promessas feitas, em particular ou publicamente.

CONCENTRAÇÃO E FOCO: é um processo psíquico que consiste em centrar voluntariamente toda a atenção em um objetivo ou na atividade que se está fazendo naquele momento, deixando de lado todos os fatos ou objetos que possam ser capazes de interferir nessa atenção.

CORAGEM: significa agir com o coração, de acordo com a sua paixão, e mobilizar recursos para atingir os objetivos. Às vezes, grandes ideias acabam sem ver a luz do dia, pois quem as teve não reuniu coragem para executar a ação e dar o pontapé inicial. Além disso, coragem também é aprender, desenvolver-se, pesquisar e se conectar com pessoas que possam ajudar.

DEDICAÇÃO/DILIGÊNCIA: habilidade adquirida que combina planejamento, esforço consciente, criatividade e execução com competência e eficácia de modo a alcançar um resultado com alto nível de excelência.

EFICÁCIA E EFICIÊNCIA: a eficácia consiste em fazer as coisas certas, ou seja, escolher "o que" deve ser feito. Já a eficiência consiste em fazer certo as coisas, fazer mais com o mínimo de recursos possíveis, ou seja, trata-se do "como fazer". Como diria Peter Drucker, "eficiência é fazer as coisas de maneira correta; eficácia é fazer as coisas certas. O resultado depende de fazer certo as coisas certas". O entendimento desses dois conceitos de forma relacional e combinada vai fazer você pensar e agir de maneira mais assertiva.

GESTÃO DO TEMPO: é um conjunto de técnicas usado para aprimorar a realização de tarefas. O gerenciamento do tempo consiste na adoção de uma série de processos e ferramentas que auxiliam o cumprimento de atividades e projetos, dentro dos prazos estabelecidos e com resultados satisfatórios, de modo que a produtividade e a eficiência sejam mantidas.

INICIATIVA: traço de caráter que leva alguém a empreender alguma coisa ou tomar decisões por conta própria; disposição natural; ânimo e proatividade para conceber e executar antes de outros. Uma pessoa com iniciativa tem a atitude e a energia necessárias para iniciar e concluir projetos, enfrentar crises e superar desafios.

MOTIVAÇÃO: força de vontade, o impulso interno que leva à ação. A única motivação real é aquela que vem de dentro de nós. O estudo da motivação busca compreender a razão pela qual os seres humanos escolhem, iniciam e mantêm determinadas ações.

ORGANIZAÇÃO: é a habilidade de uma pessoa que consegue ter coisas e pensamentos no lugar. Com uma vida mais organizada, torna-se muito mais fácil encontrar soluções criativas para os mais diversos tipos de problemas.

RESOLUTIVIDADE: é a capacidade de resolver uma tarefa simplificando e agilizando procedimentos. Uma pessoa resoluta percebe melhor o valor do seu tempo, descarta o que é desnecessário e dispensável e tem a mente direcionada à resolução de problemas e à finalização de atividades e processos.

OUSADIA: arrojo, audácia, disposição para o risco. A pessoa ousada busca os meios necessários para atingir objetivos difíceis e superar adversidades. Para ter ousadia, é preciso ter coragem de falhar.

PRIORIZAÇÃO: significa eleger, escolher, optar, preferir. Priorizar é organizar por prioridades, com o objetivo de alinhar e focar o que é realmente importante. Com a priorização se torna mais prático colocar tudo de que precisamos bem na nossa frente e manter a qualidade e a excelência do trabalho.

Artefato: massa de modelar

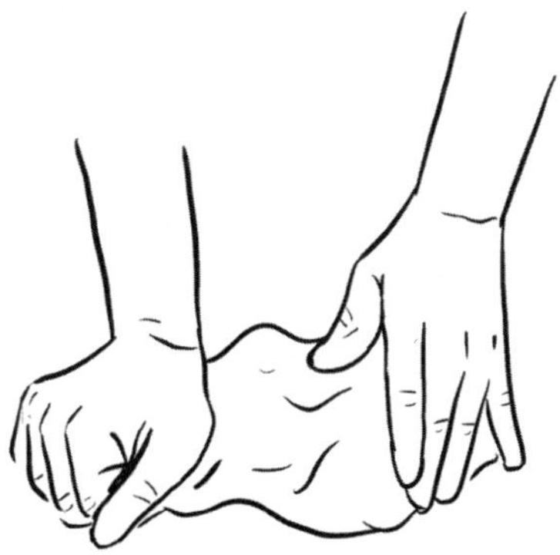

Quando foi a última vez que você fez alguma coisa com as mãos? Conectados ao nosso coração, aprendemos a nos conhecer, descobrir nossos talentos, valores e paixões para depois vislumbrar o futuro. Mas nada disso nos leva à realização se não ativarmos o princípio do Faça na nossa vida.

Para exemplificar, vou usar a minha própria história. Sou uma empreendedora engajada no Vislumbre: gosto de imaginar cenários, criar estratégias, refletir sobre o passado e o presente, imaginar futuros promissores, mas percebi que meu calcanhar de aquiles estava no Faça.

Observando essa lacuna em mim e em tantas outras pessoas, fui estudar o assunto em profundidade e achei na ciência teorias interessantes. Pesquisas nas áreas de psiquiatria e da neurociência apontam que o estímulo corporal interfere diretamente em pensamentos, sentimentos e ações. Existem hormônios energizantes, como a endorfina, a serotonina e a dopamina, que são ativados quando entramos em ação. A pesquisadora Loretta Breuning, autora do livro *Habits of a happy brain* [Hábitos de um cérebro feliz, em tradução livre], explica que, "quando o seu cérebro emite uma dessas químicas, você se sente bem". Quando usamos as mãos para construir algo, por exemplo, aumentamos as conexões neurais e a capacidade criativa.

Foi então que tive a ideia de colocar a mão na massa (literalmente!) e fui aprender a fazer pão. Confesso que, no começo, estranhei. Errei a quantidade de fermento, não sovei a massa o suficiente, deixei muito tempo no forno e queimei o pão. Ou seja, uma frustração!

Mas, como vimos anteriormente na caixa de ferramentas, a motivação é como um músculo que precisa ser exercitado com disciplina e garra. Aprendi que força de vontade é um processo deliberado e voluntário. Então não desisti. Continuei tentando até acertar o ponto.

Com o tempo, fui descobrindo o prazer dessa nova atividade culinária: mexer com as mãos, errar, acertar, experimentar novos sabores e resultados. Senti a plenitude da realização e atingi o estado de flow, aquele momento em que ficamos completamente absortos em uma tarefa, esquecendo os problemas e o mundo externo.

Estado de flow

O estado de flow é um conceito que define o que ocorre durante a realização de uma atividade com a qual a pessoa tem forte conexão emocional e durante a qual consegue atingir um grau extremo de atenção, perdendo a noção de tempo e espaço, entregando-se totalmente ao desafio e pausando o mundo exterior. Esse "estado de fluxo" é uma das sensações mais buscadas no mundo não apenas pelo prazer, mas pela produtividade e satisfação que propicia.

É um estado semelhante ao da meditação, que pode acontecer tanto trabalhando como cozinhando, praticando esporte, estudando, lendo um livro ou mesmo na prática de um hobby, como pintura ou fotografia, por exemplo. Para isso, basta que a tarefa seja desafiadora, contenha metas claras, forneça feedback imediato e seja compatível com o nível de habilidade da pessoa.

Segundo o psicólogo húngaro Mihaly Csikszentmihalyi, pai da teoria flow, quando estamos no estado de fluxo, sentimo-nos engajados, e isso colabora para o bem-estar e a saúde emocional. Ao longo da obra *Flow: a psicologia do alto desempenho e da felicidade*, o autor explica que o estado de flow acontece nas atividades produtivas (como trabalho e estudo), nas atividades de manutenção (manter o corpo em forma, limpar, descansar) e também nas atividades de lazer (consumo de mídia, conversa, hobbies) e o relaciona com o aumento das emoções positivas, o crescimento do self, o fortalecimento da autoestima e o próprio desempenho da tarefa que é executada.

Exercícios

Agora que vimos os conceitos e valores contidos no princípio do Faça, é hora de ativarmos essas soft skills com alguns exercícios práticos.

1→ Inventário de realizações

Quantas e quais conquistas você realizou e que lhe trazem orgulho?

Assim como fizemos no quadro dos sonhos, agora é hora de ter orgulho das suas realizações passadas e reconhecer o valor de cada conquista. O exercício aqui é: crie um histórico das suas realizações!

Tudo o que você fez e que envolveu seu esforço e mérito é digno de nota: a formatura na faculdade, o planejamento do Natal em família, aquela viagem tão sonhada que você realizou. Isso se relaciona tanto com suas vitórias de agora como com aquelas que conquistou no passado.

Não importa se são realizações profissionais ou pessoais, o importante é anotar tudo com orgulho e *não* atribuir juízo de valor ("foi fácil", "foi difícil", "tive ajuda") para evitar a autossabotagem e não diminuir a força da conquista. Por exemplo: "Ah, tem a formatura da faculdade, mas acho que não conta porque não era faculdade de primeira linha." Se você pensar assim, estará diminuindo as próprias conquistas.

Você vai ver que, quanto mais itens anota, mais confiante vai ficando. Esse sentimento bom eleva a alma e fortalece seu poder interior. Não se prive dele por medo de parecer arrogante, pois o fato de ser uma pessoa vitoriosa e de reconhecer isso pode inspirar outros a seguirem seu caminho e darem o melhor para realizar os próprios sonhos.

2→ Matriz de priorização

Um dos principais fatores que contribuem para a produtividade é a gestão do tempo. A qualidade de vida depende muito de um bom planejamento e controle do tempo, com foco na priorização de atividades.

Uma gestão do tempo adequada requer planejamento e definição de objetivos. Ou seja, saber O QUE precisamos fazer, COMO será feito, QUANDO deverá acontecer e POR QUANTO TEMPO.

Uma das coisas mais essenciais para uma gestão do tempo eficiente é saber distinguir o que é importante do que é urgente. "Importantes" são as coisas que precisamos fazer e que têm prazo determinado; as "urgentes" são as que exigem nossa atenção imediata.

Uma boa forma de distinguir umas das outras é usar a matriz de administração do tempo criada por Stephen Covey, autor do livro *Os 7 hábitos das pessoas altamente eficazes*, baseada no princípio de Urgente/Importante do ex-presidente dos Estados Unidos Dwight Eisenhower.

Matriz de Eisenhower

	URGENTE	**NÃO URGENTE**
IMPORTANTE	**1** Faça	**2** Planeje
NÃO IMPORTANTE	**3** Delegue	**4** Apague

As atividades são divididas em quatro quadrantes de acordo com os critérios de importância e urgência. No Quadrante 1 ficam as tarefas urgentes e importantes, como projetos atrasados, reuniões de última hora, crises ou emergências de saúde.

O **Quadrante 2** será composto por tarefas importantes, mas não urgentes. São as atividades relacionadas ao planejamento estratégico, identificação de novas oportunidades, desenvolvimento de networking e qualidade de vida. Por não terem o aspecto da urgência, é comum que acabem recebendo pouca atenção da maioria das pessoas, mas é o mais valoroso quadrante da matriz.

No **Quadrante 3** serão incluídas tarefas urgentes, mas sem importância. Aqui estão os telefonemas, reuniões sem importância, checagem excessiva de e-mails e redes sociais. São interrupções não planejadas que tornam o dia improdutivo e sem controle.

E no **Quadrante 4** vão as atividades que não têm urgência nem importância. São distrações como televisão, jogos eletrônicos ou pensamentos aleatórios. O resultado desse quadrante é procrastinação, falta de energia e cansaço.

Lembre-se de que essa é uma ferramenta que você deve ter sempre à mão para se organizar melhor e evitar que as suas tarefas se acumulem.

3→ Autodisciplina

A primeira e melhor vitória para
um ser humano é conquistar a si mesmo.

PLATÃO

Você sabia que sete em cada dez pessoas não conseguem completar sua lista diária de tarefas, segundo pesquisa do LinkedIn? Quer sair dessa triste estatística? Desenvolva a AUTODISCIPLINA.

Platão já dizia que a primeira e melhor vitória para um ser humano é conquistar a si mesmo. A autodisciplina é um estilo de vida, uma atitude, uma mentalidade. Ela nos dá força para cumprir nossos objetivos, sem esperar por uma gratificação imediata, como os likes que ganhamos nas mídias sociais ou as notificações do celular sem nenhum resultado.

Diferentemente do que parece, a autodisciplina não é um hábito ligado à rigidez ou ao sofrimento. Pelo contrário, é uma competência que dá mais liberdade, autoconfiança e domínio sobre a própria vida.

Isso não quer dizer que ela não seja desconfortável. Isso porque a autodisciplina nos tira da zona de conforto e nos leva para uma área que envolve crescimento e aperfeiçoamento constantes. Exige autocontrole, força de vontade, persistência e foco.

A autodisciplina não é uma competência fácil de ser conquistada. Ela precisa ser praticada diariamente para se transformar em um hábito. E deve ser repetida e avaliada dia após dia, com consistência, a fim de usufruirmos dos resultados ao longo do tempo.

Para desenvolver a autodisciplina, existem alguns princípios que são essenciais. E eles precisam ser cumpridos à risca para que possamos avançar:

- **PRIORIZE:** nosso cérebro funciona muito melhor quando não está sobrecarregado, avaliando muitas opções e perdendo tempo a cada hora para escolher o que fazer. Por isso, organize-se, tenha clareza dos seus objetivos e entenda o porquê das suas escolhas. Isso te ajudará a planejar o seu dia, sua semana, seu mês e você saberá exatamente onde focar suas energias.
- **PLANEJE:** estudos indicam que uma hora de planejamento economiza três horas de execução. Uma tarefa cuidadosamente planejada vai motivá-lo a produzir mais e se preocupar menos.
- **AJA:** Todos nós temos apenas uma quantidade finita de força de vontade que podemos distribuir sobre o que queremos fazer a cada dia. Então, faça o que tiver que fazer logo cedo. Aproveite ao máximo as primeiras horas de trabalho e realize as atividades mais difíceis primeiro.
- **TENHA FOCO:** concentre-se em sua prioridade e diga não ao que te distrai. Esqueça o multitasking, desligue as notificações do celular, pare de olhar o e-mail e deixe um aviso de que você

está concentrado por pelo menos duas horas por dia no seu objetivo.

- **CELEBRE:** fragmente seus objetivos em pequenas metas, a fim de a execução parecer menos cansativa, e celebre cada passo atingido. Isso treina o seu cérebro para focar as coisas positivas que você já conquistou e te dá ânimo para continuar a jornada.
- **NÃO DESISTA:** você não vai ter resultado no primeiro dia, sequer nas primeiras semanas. Dizem que nosso cérebro demora muito para se habituar a um novo comportamento. Ele precisa desenvolver novas ligações neuronais e isso leva tempo, por isso não se importe com as falhas. Keep going!

4→ Técnica pomodoro

Criada pelo italiano Francesco Cirillo, a técnica pomodoro é uma ferramenta de gestão do tempo bem conhecida. O nome se deve àqueles cronômetros domésticos em formato de tomate usados para marcar o tempo de cozimento ou de forno.

A técnica se baseia na ideia de fluxos de trabalho divididos em blocos de tempo para estimular o foco. Ela trabalha a periodicidade de tempo concentrado e contempla um pequeno intervalo para descanso, seja para caminhar ou fazer alongamento, seja para relaxar a mente. Depois de muita pesquisa, Cirillo concluiu que o tempo ideal para cada bloco – chamado de “pomodoro” – é de 25 minutos.

Neste exercício, escreva uma lista das coisas que devem ser feitas e programe 25 minutos no cronômetro. Durante esse tempo você precisa focar aquilo que está sendo feito. Quando acabar, coloque 5 minutos no cronômetro para descanso. Repita mais três vezes de 25 minutos, parando por 5 minutos entre os pomodoros. A cada quatro pomodoros feitos, descanse 30 minutos. Assim, ao longo do dia, é possível realizar de seis a dez pomodoros. Aos poucos você não precisará mais do pomodoro, pois o cérebro estará mais preparado para executar as tarefas.

5→ Organização

Há alguns métodos consagrados que trazem orientações práticas sobre como melhorar a organização no ambiente. Uma das técnicas mais populares do mundo foi desenvolvida no Japão pós-guerra e se chama metodologia 5S; faz parte da metodologia Kaizen e consiste numa etapa inicial e fundamental para a implementação da qualidade total.

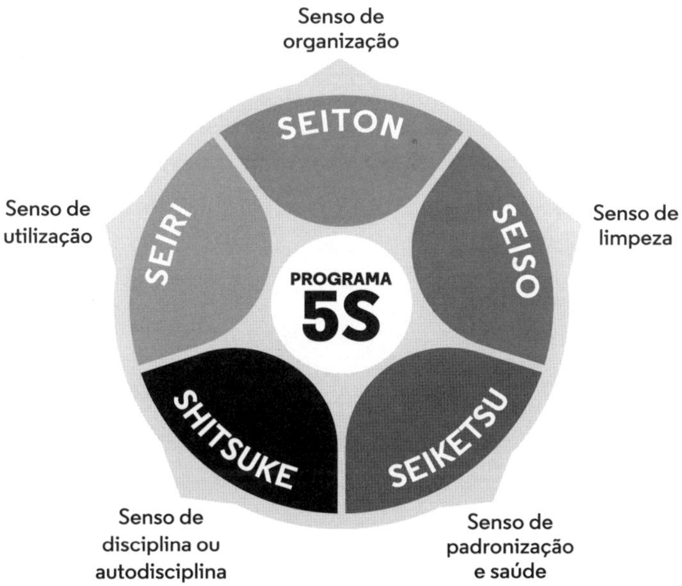

A metodologia 5S é um conjunto de técnicas de melhoria da organização dos ambientes, seja no trabalho, seja em casa. O conceito do 5S possui como base cinco palavras japonesas, cuja tradução em português e seu significado são os seguintes:

- **Seiri (senso de utilização):** é o ponto inicial para colocar o trabalho em ordem. Antes de tudo, é preciso separar o que é útil do que é inútil e o que é necessário do que é desnecessário.
- **Seiton (senso de organização):** trata da importância de ordenar o útil e decidir sobre o inútil, de ter todas as coisas disponíveis de maneira que possam ser acessadas e utilizadas

imediatamente. Para isso, é recomendável adotar padrões, arrumar os objetos em painéis e estantes e usar etiquetas e rótulos. Tudo deve estar bem próximo do local de uso, e cada objeto deve ter seu local específico.

- **Seiso (senso de limpeza):** define a importância de eliminar sujeiras, resíduos ou mesmo objetos estranhos ou desnecessários ao ambiente. Trata-se de manter a ordem e a limpeza do chão, armários, gavetas, estantes etc.
- **Seiketsu (senso de padronização e saúde):** traduz-se na fixação de padrões de cores, formas, iluminação, localização, placas, entre outros. Tem como principal finalidade manter os três primeiros S (utilização, organização e limpeza) ativos, de forma que eles não se percam. Também tem a ver com os cuidados com a higiene pessoal.
- **Shitsuke (senso de disciplina ou autodisciplina):** a última etapa é definida pelo cumprimento das etapas anteriores e pelo comprometimento pessoal em mantê-las. Esse senso é composto pelos padrões éticos e morais de cada indivíduo. Essa etapa estará de fato sendo executada quando os indivíduos passam a fazer o que precisa ser feito mesmo quando não há a vigilância, ou quando estendem esses conceitos para a vida pessoal, demonstrando seu total envolvimento.

6→ Plano de ação

Você conhece o 5W2H? É um método de gerenciamento de atividades que funciona a partir da resposta detalhada a algumas questões e que visa ajudar as pessoas a planejarem projetos, estratégias ou atividades com mais praticidade e clareza.

São cinco perguntas que, em inglês, começam com a letra W e duas que começam com a letra H: o quê (“*what*”), por quê (“*why*”), quando (“*when*”), onde (“*where*”), quem (“*who*”), como (“*how*”) e quanto (“*how much*”).

Por exemplo, você decidiu fazer uma longa viagem com os seus amigos. Como utilizar a ferramenta 5W2H para organizá-la?

- **O que precisa ser feito? (what?):** liste as etapas necessárias para completar determinada ação (guardar dinheiro, pesquisar destinos, alugar carro, reservar pousada).
- **Por que fazer? (why?):** pense nas justificativas para as ações que serão feitas (estreitar laços de amizade, visitar amigos em outra cidade, descansar).
- **Onde fazer? (where?):** determine o local onde ocorrerão as ações (sites de reserva de hotéis, pousadas em cidades próximas ao domicílio).
- **Quando fazer? (when?):** estabeleça o cronograma das atividades e um prazo para a finalização de cada tarefa (reservar hotel seis meses antes da viagem, alugar o carro um mês antes).
- **Quem vai fazer? (who?):** liste as pessoas envolvidas nas atividades, delegando a responsabilidade para cumprir cada tarefa e gerir os colaboradores (João reserva o hotel, Maria aluga o carro, Pedro contrata os passeios).
- **Como fazer? (how?):** anote todos os métodos que serão empregados (telefone, site, e-mail, WhatsApp).
- **Quanto vai custar? (how much?):** faça o cálculo do valor a ser investido e verifique a viabilidade (custos de hotel x pousada).

7→ Produtividade: GTD (Getting Things Done)

O método GTD (Getting Things Done), também conhecido como "a arte de fazer acontecer", foi desenvolvido pelo norte-americano David Allen. Ele permite um maior controle sobre tarefas, projetos e metas, com foco na melhoria da produtividade e na redução do estresse.

A metodologia se baseia nos cinco passos a seguir:

- **Coletar:** transferir para o papel tudo o que há para fazer hoje, amanhã ou no futuro. Esta primeira fase, de coleta, precisa de tempo para que as tarefas sejam mapeadas com calma e transparência.
- **Processar:** depois, é importante processar as informações, analisando e identificando o que é urgente, importante e necessário. Dessa maneira é possível enxergar as demandas com mais clareza.
- **Organizar:** uma das maneiras de organizar é contextualizar as tarefas e reunir aquilo que pode ser correlato, criando uma linha de atuação, otimizando o tempo no computador, ao telefone ou no escritório.
- **Revisar:** este é o momento do planejamento quando se define a revisão que fazemos do nosso sistema e se reavalia prioridades para perceber como nossa rotina está sendo influenciada pelas urgências.

- **Fazer:** trata-se de executar com significado. Hora de colocar seu sistema em prática e agir de modo organizado, sem gerar estresse, apenas executando o planejado. Confie na sua análise e simplesmente faça.

8→ Combata a procrastinação

Quando você pensa em fazer algo difícil ou que levará tempo demais, a primeira coisa que sente é que não quer encarar a tarefa de jeito nenhum? Fica desmotivado só de pensar em realizar o trabalho?

Isso se chama procrastinação, que, à primeira vista, pode ser facilmente associada à preguiça e à desorganização, mas na verdade tem origens bem mais complexas. Do ponto de vista psicológico, a procrastinação é um problema de regulação emocional e está ligada a sentimentos como frustração e medo. Quando procrastinamos, estamos tentando melhorar nosso estado de ânimo, evitando fazer algo que nos parece desagradável. Por isso, para compreender a origem da procrastinação, precisamos compreender nossa própria angústia, os medos e as inseguranças e nos perguntar por que estamos querendo fugir de certas emoções.

Existem algumas técnicas práticas que ajudam a vencer a procrastinação no dia a dia.

- **Planeje:** uma hora de planejamento economiza três horas de execução. Uma tarefa cuidadosamente planejada poderia eliminar um terço do tempo que levaríamos para corrigir erros e apagar incêndios de ações improvisadas. O trabalho cuidadosamente planejado nos motiva a produzir mais e a nos preocupar menos.
- **Estabeleça metas:** é preciso operacionalizar uma estratégia progressiva para superar a procrastinação. Estabeleça metas que sejam tangíveis e nunca se esqueça do motivo de estar realizando a tarefa e da maneira como ela se encaixa em suas ambições.

- **Comece devagar:** uma boa dica é começar lentamente e ir aumentando o ritmo aos poucos. O pensamento de começar devagarinho é bem mais agradável e evita a ansiedade e o medo.
- **Divida o trabalho em etapas:** o megaempresário Henry Ford já dizia que "a pressa é inimiga da conclusão". Ele ensinava a seus funcionários que não havia trabalho que não pudesse ser executado se fosse decomposto em pequenas partes.
- **Mantenha a disciplina:** faça alguma coisa todo dia. As etapas necessárias para alcançar um objetivo nem sempre envolvem fazer algo que vai te deixar feliz e saltitante. Em geral, trata-se de se manter firme nas atividades diárias e pequenas que te aproximam do seu objetivo a cada dia.
- **Fuja das redes sociais:** você sabia que damos em média cerca de duzentas olhadas no celular por dia? Como não procrastinar assim? O jeito é evitar as mídias sociais ou limitar o tempo de uso para não passar o dia inteiro rolando feeds e dando likes.

9→ Faça listas

Ao estudar para uma prova ou ao trabalhar em um projeto, é comum as pessoas se distraírem com facilidade. A capacidade de concentração e foco é uma habilidade importante, e a boa notícia é que ela pode ser desenvolvida.

A primeira coisa a saber é que o cérebro multitarefa é um mito. Contrariamente ao que muitos acreditam, é impossível para o ser humano realizar duas tarefas intelectuais de uma vez. Mesmo quando achamos que estamos fazendo tudo ao mesmo tempo, o que ocorre na verdade são pequenas e rápidas alternâncias de foco, que consomem tempo e energia mental, segundo explica a neurocientista brasileira Carla Tieppo.

Fazer listas é uma maneira de organizar a vida e traz diversos benefícios, como combater a procrastinação, administrar o tempo e evitar o esquecimento de compromissos ou tarefas importantes.

Enquanto estamos listando, temos a oportunidade de refletir sobre o tema da lista e identificar aquilo que é realmente importante. Conseguimos priorizar, entender o que é essencial, planejar. Isso diminui a sensação de sobrecarga.

A lista pode ser feita da maneira que for mais conveniente para a pessoa, mas eu recomendo o papel. Escrever, ao contrário de digitar, estimula regiões do cérebro e traz uma melhora significativa para a memória e a cognição.

Tente este exercício simples, mas de ouro para quem quer ser mais produtivo:

- Toda noite, faça uma lista de cinco tarefas que precisa finalizar no dia seguinte.
- Organize-as por ordem de prioridade, alocando as mais difíceis para serem feitas no horário em que sua concentração está mais forte.
- No dia seguinte, cumpra os itens da lista. Concentre-se e realize.

No final do dia, você vai ter a alegria de ver suas tarefas cumpridas e se animar para preparar a lista do dia seguinte.

10→ Aprenda a dizer não

Para sermos eficazes, precisamos escolher. Temos de priorizar uma demanda em relação a outra. Isso significa dizer "não" a algo ou alguém. Saber o que precisa ser ignorado e aprender a dizer não é uma das habilidades mais difíceis e necessárias neste mundo com tantos estímulos.

A lista do que não fazer talvez seja tão importante quanto a lista do que fazer. Ter tempo para o que realmente importa é fundamental para atingirmos nossos objetivos.

Fazer essa seleção pode ser uma tarefa muito difícil. Dizer não a situações e pessoas das quais gostamos ou negociar com elas é uma das habilidades mais importantes que podemos aplicar no dia a dia para manter o foco. Devemos praticar como fazer isso com calma e gentileza, sem culpa.

As pessoas pensam que ter foco significa dizer sim para as coisas em que você precisa se concentrar. Mas isso não é, em absoluto, o que significa foco. Ter foco é dizer não para as centenas de outras boas ideias que estão por aí. É preciso escolher com cuidado.

STEVE JOBS

Você tem dificuldade em dizer não para amigos e familiares com medo de gerar conflitos e sentimento de culpa? Veja cinco formas de dizer não:

- Demonstre empatia. Se alguém pedir para você ajudar com um trabalho, explique que entende que é uma tarefa muito importante, mas que não pode ajudar naquele momento.
- Mostre que seus compromissos são tão importantes quanto os da outra pessoa.
- Explique o motivo da recusa, o que você pensa sobre tal questão. Diga que não se sente à vontade para fazer esta ou aquela coisa.
- Não demore para dar a resposta. Melhor fazer poucas coisas bem do que tentar ajudar todo mundo e se sair mal.
- Mostre sua necessidade de bem-estar.

←→

Capítulo 4

Compartilhe

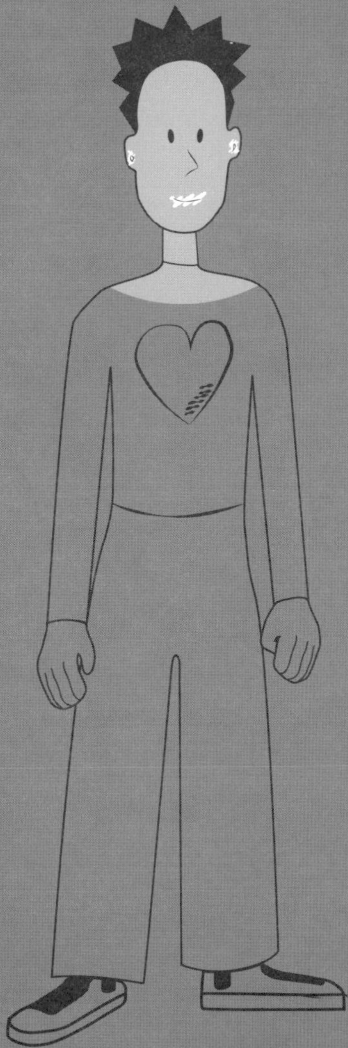

O ser humano é um emaranhado de conexões que ligam pensamentos, crenças e atitudes. Ninguém vive isolado, portanto, conecte-se com as pessoas.

A palavra "compartilhar" tem vários significados: desde "fazer parte de" até "dividir, partilhar" algo. O fato é que, diferentemente dos outros princípios, que já eram estratégicos no século passado, COMPARTILHAR ganhou uma importância sem igual no século XXI.

Vivemos hoje a sociedade do conhecimento, com acesso a uma enorme quantidade de informação vinda das mais diversas fontes e que se espalha rapidamente em um mundo cada vez mais conectado. Nunca compartilhar foi um termo tão presente na nossa sociedade.

A era da economia compartilhada abre a possibilidade de encarar o mundo com outro olhar e de redesenhar novas formas de fazer negócios. Com inovação aberta e colaboração, surgem novas ideias e parcerias entre pessoas e empresas.

Nunca fez tanto sentido fazer alianças como agora. E essas parcerias se tornaram até mesmo fonte de oportunidades. Em 2017, escrevi a história da empresária Tati Oliva, fundadora da Cross Networking, uma agência especializada em fazer negócios entre marcas. A agência já lançou no mercado parcerias inusitadas, como campanhas que uniam uma tradicional marca de alimentos a uma moderna loja de design, ou uma marca de roupas que trouxe na etiqueta das suas peças histórias feitas em parceria com uma fábrica de sabão em pó.

A ideia dessas campanhas era mostrar que as empresas podem tirar proveito de suas diferenças, unindo forças e potencializando resultados. Segundo a empresária, a agência usa as parcerias para multiplicar oportunidades de negócios e inspirar relacionamentos entre empresas, marcas e pessoas. "Uma parceria só é um sucesso quando todos os envolvidos saem ganhando", afirma Tati.

Para Augusto de Franco, um dos maiores especialistas em redes do Brasil, as pessoas começaram a notar que nenhum projeto pode ser feito apenas por um indivíduo. "Nós somos um emaranhado de conexões que nos ligam a outras pessoas. Nenhuma ideia é somente de um, sempre é cocriada com outros", explica.

Independentemente do que você faz da vida, compartilhar ideias e propósitos sempre vai ser importante para sua trajetória. A verdade é que somos todos elos de uma mesma corrente. Sozinhos somos frágeis, mas, quando estamos juntos, criamos força.

Se compartilhar é tão importante para o trabalho no mundo contemporâneo, é claro que a tecnologia e a internet potencializam ainda mais esse ativo na vida profissional e pessoal, ajudando a criar conexões e a manter relacionamentos promissores para todos os envolvidos.

Quanto mais você se conecta, mais consegue resolver os seus problemas e os das outras pessoas também; hoje em dia, a empatia é condição fundamental para fazer negócios. "Tente se colocar no lugar das pessoas e imaginar por que elas reagem de determinada maneira. Quando entendemos quais são suas motivações, dúvidas e desejos, pensamos em soluções que conseguem trazer melhoria para a vida das pessoas", afirma o professor Gil Giardelli, especialista em cultura digital.

Se a empatia passa a ser matéria-prima para criar soluções para os problemas das pessoas, é na venda que essas soluções conseguem completar o ciclo de negócios. O empreendedor que consegue ter empatia para entender a dor do seu público e a lacuna de mercado e, a partir daí, criar uma solução efetiva para o problema, terá que desenvolver a competência para vender seu produto e/ou serviço para o maior número de pessoas.

Uma empresa que não vende, quebra. Essa máxima é ensinada por muitos gurus de negócios. Mais do que uma habilidade empresarial, a venda está permeada em todas as relações, sejam sociais, corporativas ou até mesmo familiares. Quem nunca quis fazer um passeio diferente ou um roteiro de férias e teve que preparar o discurso para vender a ideia para a família?

Marcelo Cherto, pioneiro no Brasil na formação de franquias, fala sobre isso: "É muito importante ser um bom vendedor, não só de produtos e serviços, mas principalmente de ideias. O pulo do gato é investir em vendas."

O empreendedor brasileiro Marco Gomes, fundador da Boo-Box e considerado o melhor profissional do mundo na categoria Marketing Communications do World Technology Awards, tem a mesma convicção sobre as vendas: "Nós, empreendedores, temos um apreço muito grande pelo produto perfeito e esquecemos de vender. Quando aprendi o quanto vender é importante, aí sim consegui progredir com mais velocidade no negócio. A venda é tão importante quanto fazer o produto."

O que é economia compartilhada?

É um sistema econômico sustentável construído em torno da partilha de recursos humanos, serviços e produtos. Ela inclui a criação, produção, distribuição, comércio compartilhado e consumo de bens e serviços por pessoas e negócios focados nas pessoas.

A economia compartilhada abre a possibilidade de fazer negócios utilizando a inovação aberta e a colaboração. A inovação aberta (ou open innovation) é uma prática que consiste em fazer alianças, de modo que essas parcerias promovam benefícios para todos os envolvidos. Essas alianças podem acontecer com outras empresas, com universidades, com profissionais, com ecossistemas de inovação, entre outros agentes.

O objetivo é fazer esse processo de colaboração e cocriação acelerar e otimizar a inovação dos negócios. A inovação aberta vem sendo aplicada de maneira bem-sucedida na criação de novos produtos, serviços e modelos de negócios, gerando resultado para as empresas por meio do uso de recursos externos.

Autoconsciência: o que te completa?

O filósofo grego Aristóteles dizia que o homem é, por natureza, um animal social. Para ele, vivemos em sociedade porque essa é a finalidade do ser humano. Afinal, "isso é tão próprio do homem quanto é próprio da semente de pessegueiro tornar-se uma árvore e produzir pêssegos".

Ninguém sabe tudo, mas todo mundo sabe alguma coisa. Todos nós precisamos de apoio para executar uma ideia. Assim, o pulo do gato está em entender a importância da relação com o outro para o desenvolvimento de nós mesmos e de todos em conjunto.

Você é do tamanho do que compartilha.

LUIZA HELENA TRAJANO

O COMPARTILHAR é representado pelos ouvidos e pela boca, o que significa a necessidade de saber ouvir e também conseguir se comunicar com assertividade. Uma vez que você vislumbra uma ideia e a coloca em prática, é preciso encontrar aliados, porque enfrentar desafios é muito mais fácil se você não está sozinho.

Infelizmente, ainda hoje tem muita gente preocupada em guardar suas ideias para que ninguém as roube. Isso é ilusão. Se você compartilhar sua ideia, não vai perdê-la. Pelo contrário, você a reforça. Um bom indicador de que seu sonho está no caminho certo é ele fazer sentido para outras pessoas. Quando isso acontece, você consegue engajar, gerar comprometimento e criar um propósito compartilhado entre os envolvidos. Tudo que é compartilhado se expande. O coletivo é sempre maior que a soma das partes.

Nesse sentido, para estimular a integração e gerar engajamento é essencial trabalhar a comunicação, que acontece sempre que há interação entre uma ou mais pessoas e tem o objetivo de transmitir uma mensagem de maneira clara e objetiva para que todas as partes envolvidas consigam se entender com clareza.

Mas lembre-se: é preciso saber se comunicar de maneira assertiva para que todos entendam. Como diria o ator e escritor inglês Peter Ustinov, "comunicação é a arte de ser entendido", o que não é tão fácil nem trivial.

> *Entre o que eu penso, o que eu quero dizer, o que digo, o que você ouve, o que você quer ouvir e o que você acha que entendeu há um abismo.*
>
> ALEJANDRO JODOROWSKY

A comunicação é uma via de mão dupla e só acontece de fato quando existe compreensão entre todas as partes. Todos nós temos bagagens culturais e conhecimentos diferentes. Cada um filtra e compreende o que recebe de acordo com a percepção que tem sobre o mundo e suas experiências de vida. Nem sempre a mensagem chega da maneira que se espera ao receptor, em especial se não for elaborada com cuidado. Por isso é preciso saber lidar com essas diferenças para ter mais assertividade, engajar as pessoas e atingir seus objetivos.

Quando há uma comunicação eficaz e assertiva, podemos mostrar nossos valores e habilidades, melhorar a coesão do grupo e influenciar na motivação das pessoas. Por outro lado, a falta de uma boa comunicação pode ser desastrosa, comprometendo o desempenho e provocando isolamento e frustração.

Uma coisa importante a saber é que não nos comunicamos somente com palavras, mas também por meio de sinais não verbais. A linguagem corporal tem grande impacto na comunicação interpessoal e envolve postura, entonação, expressão corporal e facial, contato visual, fluência, clareza e segurança. Os sinais não verbais muitas vezes são mais de 50% da comunicação, e a expressão facial é a grande chave para descobrir o que está por trás das palavras.

Comunicar-se bem é uma das habilidades necessárias para se dar bem na carreira e na vida. Se você tem facilidade para se comunicar, abuse dessa qualidade, pois ela pode conectar você a grandes oportunidades. A comunicação efetiva demanda clareza e organização das ideias, e desenvolver técnicas para isso é essencial para dar o pulo do gato e lidar com as pessoas.

Caixa de ferramentas

Compartilhar ideias e construir boas relações exige tempo, comprometimento, confiança, respeito e colaboração de todas as partes. Não adianta apenas uma pessoa se esforçar para fazer dar certo. Todos os envolvidos devem contribuir para que os relacionamentos tragam frutos positivos para o grupo. Para desenvolver técnicas de relacionamento é preciso ter interesse genuíno pelo outro. Veja a seguir outras soft skills:

ASSERTIVIDADE: é a capacidade de expressar pensamentos, crenças e sentimentos com clareza, precisão e coerência, de maneira direta, honesta e apropriada, a fim de fazer valer os próprios direitos ao mesmo tempo que se respeita os direitos das outras pessoas.

COLABORAÇÃO: duas ou mais pessoas trabalhando juntas para atingir um objetivo comum. A colaboração é uma nova forma de trabalho, interação e relação profissional.

COMUNICAÇÃO: é a habilidade de expressar pensamentos de modo claro e objetivo, ajustando a linguagem às características dos diversos públicos.

EMPATIA: a capacidade de se conectar emocionalmente com os outros, compreendendo seus problemas e se identificando com suas emoções. Diferentemente do que se pensa, não é sentir PELO outro, mas sentir COM o outro.

CAPACIDADE DE ENSINAR: uma das maneiras mais rápidas de aprender e praticar algo novo é ensiná-lo aos outros. Para isso, é preciso lidar com diferentes perfis e gostar de lidar com pessoas.

ESCUTA ATIVA: essa é uma competência essencial para um diálogo eficaz, assim como pedir feedback e ter humildade para aceitar aquilo com que não se concorda.

GENTILEZA: comportamento distinto em que há nobreza, elegância, delicadeza, amabilidade. Trata-se de saber respeitar os outros sem impor sua perspectiva, preservando a harmonia.

INFLUÊNCIA E ENGAJAMENTO: é a habilidade de usar a emoção e a lógica para comunicar uma visão convincente e engajar as pessoas. Trata-se de uma conexão que alguém consegue por meio do carisma, sendo capaz de modificar o pensamento ou o comportamento das pessoas sem o uso da força ou da imposição.

LIDERANÇA: um jeito próprio de ver, falar e atuar no mundo de modo a engajar as pessoas e incentivar boas práticas. O comportamento de liderança envolve comprometimento, eficiência e respeito e pode ser treinado. De acordo com a pesquisadora e escritora Brené Brown, líder é qualquer um que assume a responsabilidade de encontrar potencial em cada pessoa e processo, e que tem coragem de desenvolver esse potencial. "Liderar é colocar coragem no coração das pessoas", diz ela.

MEDIAÇÃO E GESTÃO DE CONFLITOS: atividades práticas que visam administrar situações complexas, mediando os impasses entre pessoas para diminuir o impacto negativo. Quando gerenciados de forma eficiente e didática, os conflitos podem ser convertidos em grandes oportunidades de aprendizado e crescimento pessoal e profissional.

NETWORKING: termo em inglês que significa rede de relacionamentos ou rede de contatos. Por definição, é o estreitamento de contatos profissionais com o objetivo de trocar informações, cultivar relações e potencializar oportunidades de trabalho.

PERSUASÃO: é a ação de convencer, fazer o interlocutor absorver o seu palpite e seguir as instruções oferecidas. Essa é uma estratégia comum de comunicação e vendas para induzir alguém a aceitar uma ideia, adotar uma atitude ou realizar uma ação. A persuasão pode fazer o ouvinte mudar de opinião ou repensar suas escolhas.

TRABALHO EM EQUIPE: é a habilidade de trabalhar de forma aberta e diversa, a capacidade de empreender ações conjuntas em prol de resultados comuns. Sem o apoio dos outros (família, amigos, colegas de trabalho), não se chega a lugar nenhum.

TRANSPARÊNCIA: pessoas bem-sucedidas são transparentes e honestas na hora de fazer acordos. Transparência é a virtude que impede a ocultação de alguma vantagem pessoal.

RECIPROCIDADE: habilidade de dar e receber, condição essencial para estabelecer uma relação de qualidade entre as pessoas, com correspondência mútua, cooperação e troca.

Artefato: quebra-cabeça

Há um provérbio africano que diz: “Se quer ir rápido, vá sozinho. Se quer ir longe, vá em grupo.” Ele significa que a capacidade de realizar sonhos está profundamente atrelada às relações que somos capazes de estabelecer.

O que tenho dentro de mim é potencializado pelas pessoas que estão à minha volta. Essa sensação de pertencimento nos fortalece e nos torna capazes de cocriar a realidade que vislumbramos.

É como um quebra-cabeça: cada pessoa tem um jeito de ser, sua individualidade, mas só se completa quando está em contato com algo maior.

Para montar esse quebra-cabeça, precisamos em primeiro lugar saber qual peça somos nós diante do todo. Isso requer auto-conhecimento e também conhecimento sobre os que estão em volta.

O pulo do gato está justamente em encaixar afinidades, conhecimentos e expertises que vão complementar a si e aos outros, fortalecendo todo o grupo. Encaixes simples têm a capacidade de reforçar nossos poderes. Afinal, juntos unimos competências, multiplicamos oportunidades e praticamos a colaboração.

Aonde você for, seja um fator de soma.

LÚCIA HELENA GALVÃO

Você sabia que o sucesso está diretamente ligado aos relacionamentos que cultivamos? Não é à toa que o networking é tão importante. Por definição, networking é a aproximação de pessoas com o objetivo de criar oportunidades, potencializar negócios, dar e receber convites e propostas de trabalho.

Confesso que não gostava desta palavra, *networking*. Eu achava que ela remetia a jogo de interesses, a um toma lá dá cá. Mas também aprendi que precisamos manter a mente aberta e derrubar preconceitos e crenças. Então, fui estudar o tema a fundo e descobri que o networking poderia ser ressignificado, transformado em uma prática com mais colaboração e essencial para empreender nos negócios e na vida.

Foi quando cheguei ao conceito de "networking humanizado", que se diferencia do modo infame de fazer networking. Nesse tipo de prática, o centro da atenção está nas pessoas e leva em consideração o que elas sentem, do que precisam e também como podem se ajudar. Muito longe de um interesse imediatista, o networking humanizado é a base das relações fundamentadas em confiança e troca. Mas essa prática exige paciência. É como cuidar de uma planta: não basta plantar a semente. É preciso regar, adubar, cuidar sempre.

Tenho espalhado esse novo conceito por onde passo, escrevendo artigos e ministrando palestras, workshops e cursos online (https://descola.org/networking). O objetivo é ensinar a construir, nutrir, reforçar e ampliar uma rede de relacionamentos forte e duradoura. A regra de ouro é: seja uma pessoa interessante e não interesseira!

Como? Compartilhando, gerando valor, agregando conhecimentos e pontos de vista, perguntando "Como posso ajudar?" em vez de "O que ganho com isso?".

E essa máxima não serve apenas para as pessoas, mas para as empresas num mundo que exige cada vez mais a colaboração para sobreviver aos desafios do nosso tempo.

Exercícios

Agora que vimos os conceitos e valores contidos no princípio do Compartilhe, é hora de ativarmos essas soft skills com alguns exercícios práticos.

1→ Escuta ativa

A escuta ativa é uma das habilidades mais raras em um mundo onde todos querem falar e ninguém quer ouvir. Escutar é mais importante do que ouvir. Ouvir é captar os sons com os ouvidos. Escutar implica atenção ao que os ouvidos ouvem, os olhos veem, o coração sente e, por fim, ao que a razão diz. Às vezes ouvimos, mas não escutamos.

Já parou para pensar como é a sua escuta? Você normalmente fala mais do que ouve ou é o contrário? Você é um bom ouvinte? Tenta se colocar no lugar do outro e entender como o seu interlocutor está se sentindo?

Os passos mais importantes para uma escuta ativa são:

- **Concentração:** foque o que está sendo comunicado verbalmente e por meio da linguagem corporal.
- **Retenção:** observe e preste atenção no conteúdo e na forma do que está sendo dito.
- **Repetição:** faça paráfrases e procure reforçar os pontos importantes daquilo que o interlocutor disse.
- **Checagem:** faça perguntas do tipo "O que você quer dizer com isto?" ou "O que eu entendi sobre o que você falou foi tal coisa, está certo?".

É fundamental aprender a fazer perguntas. Quando se encontrar com alguém, nunca fique sem saber o que perguntar. Muitos de nós fazemos o contrário: preparamos nossas respostas. Ensaiamos o que vamos dizer e nos esquecemos do mais importante: ao fazer perguntas em seus relacionamentos, você já está criando um vínculo e motivando a si mesmo. Deixe que as respostas aguecem ainda mais sua curiosidade, fazendo surgir novas perguntas. Isso nos motiva a alcançar um nível mais alto de consciência e interesse pelo outro.

Tente também se lembrar daquela pessoa que é uma ótima ouvinte e a quem você sempre recorre quando precisa desabafar. O que essa pessoa pode te ensinar?

2→ Empatia

A empatia é a capacidade de se colocar no lugar do outro, de ouvir e compreender os problemas e de se identificar com a emoção de outra pessoa.

Você já ouviu dizer que para ter empatia é importante "calçar os sapatos do outro"? É uma expressão popular, mas que se tornou realidade em uma mostra artística chamada Museu da Empatia, que rodou o mundo todo.

A intervenção trazia uma caixa de sapatos gigantes, dentro da qual os visitantes podiam escolher aleatoriamente um par de sapatos e calçá-los. A experiência se completava com um fone de ouvido que reproduzia histórias ligadas a homofobia, desigualdade social ou racismo. Ao ouvir a narração, era possível se conectar com os problemas de outra pessoa e se identificar com seus sentimentos, muitos deles universais, como superação, amor e resiliência.

Por isso, deixo aqui algumas dicas para exercitar a empatia no seu dia a dia:

- **Observe:** fique atento aos gestos e comportamentos das pessoas com quem você fala: isso diz muito sobre o que elas querem dizer.
- **Ouça:** pratique a escuta ativa, preste atenção no que a pessoa fala, sem fazer julgamentos ou tentar fazer adivinhações.

- **Faça perguntas:** se você não entendeu algo, pergunte com atenção, procure saber o que a pessoa quer dizer.
- **Perceba o que está nas entrelinhas:** por trás de uma fala sempre há uma necessidade ou um desejo. Tente compreender os sentimentos do seu interlocutor.
- **Calce os sapatos da outra pessoa:** tente se colocar no lugar dela, entender o que ela disse, o que está sentindo. Nunca será 100%, mas a sua intenção já vale muito.

3→ Networking: técnica C.O.I.S.A.

Já sabemos a importância do networking para a criação de uma rede de relacionamentos de valor, mas muitas vezes as pessoas não sabem como abordar ou manter uma conversa. Um dos maiores especialistas nesse assunto, o professor José Augusto Minarelli, desenvolveu uma técnica há mais de trinta anos que se mostra bastante eficiente para conectar as pessoas.

Trata-se da técnica C.O.I.S.A.: Conselho, Orientação, Informação, Sugestão e Aproximação. É uma abordagem que valoriza a experiência, o conhecimento e a disponibilidade das pessoas. A matéria-prima para seu projeto vem da diversidade de informações que sua rede pode oferecer e das sugestões que ela pode dar. A partir daí, as aproximações com outras pessoas virão como consequência. Então, você pode solicitar para o seu contato ser uma ponte.

Assim, ao se aproximar de alguém, faça perguntas e peça:

- **Conselho:** como posso colocar em prática meu atual projeto de carreira? Se você estivesse no meu lugar, o que faria?
- **Orientação:** por onde devo começar? Qual caminho você acha que devo seguir?
- **Informação:** você conhece Fulano? Onde encontro tal referência? Sabe de alguém que tem o que estou procurando?

- **Sugestão:** o que você sugere? Entre este e aquele caminho, qual você propõe seguir?
- **Aproximação:** por favor, será que você poderia me apresentar para Fulano? Você conhece alguém naquela empresa?

4→ Comunicação não violenta

Você já esteve em situações de conflito em que não conseguiu expressar suas emoções como queria? Sentiu dificuldade ao comunicar seus sentimentos e opiniões? A comunicação não violenta (CNV), criada pelo psicólogo estadunidense Marshall Rosenberg, é uma ferramenta muito eficaz para usar nesses momentos. A técnica, baseada em competências de linguagem e comunicação, auxilia na maneira como cada um se expressa e ouve os demais e estabelece relações de cooperação e comunicação empática.

Para Rosenberg, é na forma como as pessoas se comunicam entre si que se encontra a solução para resolver desentendimentos e discussões. Ele aponta que existem algumas maneiras de se comunicar que fazem as pessoas apresentarem comportamentos violentos. Com a CNV, as respostas deixam de ser automáticas e passam a ser mais conscientes por meio da observação atenta de comportamentos e fatores que têm influência sobre cada um.

O método ajuda as interações a ocorrerem com mais respeito, atenção e empatia e permite que se estabeleçam relações mais profundas, afetivas e eficazes. Pode ser aplicado em relacionamentos pessoais, familiares, organizacionais, educacionais, em negociações, disputas e conflitos de qualquer natureza.

Para que isso ocorra, é preciso que os praticantes se concentrem em quatro componentes:

- **Observação:** observe o outro sem criar um juízo de valor, apenas compreendendo o que gosta e o que não gosta no que está acontecendo e no que o outro faz. Marshall Rosenberg sugere questionar se a mensagem que está sendo recebida, por meio da fala ou de ações, tem algo a acrescentar de forma positiva.

- **Sentimento:** depois da observação, procure entender qual sentimento a situação desperta. Nomeie o que se sente: mágoa, medo, felicidade, raiva etc. Permita-se ser vulnerável para resolver conflitos e saber a diferença entre o que sente e o que pensa ou interpreta.
- **Necessidades:** a partir da compreensão de qual sentimento foi despertado, reconheça quais necessidades estão ligadas a ele. Rosenberg ressalta que, quando alguém expressa suas necessidades, há uma possibilidade maior de que elas sejam atendidas, pois a consciência desses três componentes vem de uma análise pessoal clara e honesta.
- **Pedido:** por meio de uma solicitação específica, ligada a ações concretas, deixe claro o que espera da outra pessoa. O especialista recomenda usar uma linguagem positiva, em forma de afirmação, para fazer o pedido. Evite frases abstratas, vagas ou ambíguas.

5→ Como fazer um pitch

Você sabe o que é pitch? Trata-se de uma pequena apresentação oral que tem o objetivo de capturar a atenção do interlocutor. É muito usado no universo das startups para vender uma ideia ou um projeto para investidores, mas também pode ser usado para fazer entrevistas de emprego ou vender sua imagem profissional no mercado de trabalho.

Os investidores de startups afirmam que dois a três minutos é tempo suficiente para você dizer a que veio, mas para isso você tem que ter seu discurso bem estruturado na mente e muito afiado na ponta da língua. Nunca se sabe quando você vai precisar.

Para estruturar um pitch convincente, a sugestão é seguir um roteiro que pode ser modificado de acordo com a sua necessidade. Use-o para fazer seu próprio vídeo de apresentação, com duração de 30 segundos a 3 minutos:

- **Introdução:** diga o seu nome e o nome do projeto.
- **Oportunidade:** qual problema seu projeto resolve? Que necessidade foi detectada? Em qual mercado?
- **Solução:** qual a solução e a proposta de valor?
- **Diferencial:** por que sua solução é inovadora?
- **Equipe:** quem executará o projeto? Quais resultados vocês conseguiram até agora?
- **Proposta:** do que você precisa?

Atenção: sempre comece pelo mais importante! Capte a atenção do interlocutor logo no início. Mostre de forma fácil de entender por que é interessante acreditar na sua ideia e apostar nela. Não se mostre sonhador demais, tenha sempre o pé no chão. Você precisa ter um bom poder de persuasão ao apresentar o motivo pelo qual investir no seu projeto.

Seja sempre autêntico, não force a barra e tente encerrar sua apresentação de uma forma bacana. Você pode criar suspense ou deixar uma pergunta no ar. Instigue seu interlocutor, faça-o ver você como memorável. Tenha sempre à mão um cartão de visitas, um e-mail ou um site cujo endereço é fácil de decorar. Deixe contatos para os próximos encontros.

6→ Como melhorar as habilidades de comunicação?

Aprender a se comunicar com os outros significa aprender mais sobre você e seu próprio desenvolvimento emocional. A comunicação exerce um papel importante no desenvolvimento pessoal e profissional, e existem técnicas e exercícios que ajudam a aprimorar essa habilidade.

Uma parte vital da comunicação é ouvir. Aperfeiçoar suas habilidades de escuta ativa ajuda você a se comunicar melhor com os outros.

Outra coisa muito importante é aprimorar o seu desenvolvimento emocional. É um desafio, mas os bons comunicadores desenvolvem habilidades que os ajudam a modular suas reações durante a comunicação e a reagir adequadamente à situação em questão.

Uma técnica muito simples, mas eficaz para melhorar a comunicação assertiva é chamada de START, acrônimo em inglês para:

- **Smile:** sorria e seja gentil.
- **Tell:** diga seu papel e expectativas na comunicação.
- **Active listening:** ative a escuta e preste atenção ao seu interlocutor.
- **Rapport:** construa uma conexão com a outra pessoa.
- **Thanks:** por fim, agradeça!

7→ Compartilhar nas redes sociais

Na era digital, com a profusão de mídias sociais, não é exagero dizer que "você é o que você compartilha". Para isso, é preciso saber se posicionar e se comunicar na rede digital de um modo que gere valor para os seus contatos. Veja algumas dicas essenciais:

- **Seja visível e constante:** quem não é visto não é lembrado. Marque presença em eventos online e nas redes sociais, participe de discussões, dê sua opinião. Procure expor suas ideias e pontos de vista. Mas de nada adianta aparecer só de vez em quando e depois sumir. É preciso manter certa constância e marcar presença de um modo interessante para que as pessoas se lembrem da sua marca pessoal.

- **Seja relevante e útil:** participe com o objetivo de contribuir de verdade. Mais chatas que aquelas pessoas que só ficam observando sem falar nada são as que participam para atrapalhar a conversa e não agregam nada útil. Para atingir esse objetivo, é preciso ter boas referências e repertório, que você adquire por meio de conversas, leituras, filmes e podcasts.
- **Seja coerente e consistente:** o filósofo Mario Sergio Cortella afirma que somos seres integrais, por isso não faz mais sentido a separação entre o pessoal e o profissional. No Instagram, por exemplo, você pode ser mais pessoal do que no LinkedIn, mas ainda deve ser a mesma pessoa em ambos os lugares.
- **Seja interativo**: quanto mais consideração demonstramos em nossas interações, mais conseguimos criar um diálogo com as pessoas com quem nos comunicamos. Faça perguntas, deixe comentários, procure oportunidades para ser mais interativo e assim criar conversas mais enriquecedoras.

8→ Storytelling

Quem precisa transmitir uma ideia sabe o poder que tem uma boa história. Das parábolas de Jesus Cristo aos contos de fadas infantis, as narrativas são a melhor forma de fixar uma mensagem na mente das pessoas.

Num mundo tão competitivo como o de hoje, é um grande desafio capturar a atenção do público. Por isso o storytelling tem sido um recurso cada vez mais utilizado para engajar pessoas em projetos e causas ou para vender produtos e serviços.

A primeira coisa é entender o que significa: narrar histórias (story + telling). Esse termo é usado para explicar um modelo de comunicação e um conjunto de técnicas capazes de explorar uma mensagem e de criar tensão e contraponto, tornando-se muito mais fácil de ser consumida.

O storytelling traz elementos que ajudam a engajar as pessoas pela emoção. Segundo a especialista Martha Terenzzo, a prática do storytelling envolve pontos fundamentais que precisam ser utilizados para criar uma narrativa. Veja os cinco elementos que ajudam no desenvolvimento de uma boa história:

- **Personagens, lugares ou artefatos representativos:** pode ser um objeto (como o anel de *O senhor dos anéis*), um lugar (a floresta brasileira utilizada pela Natura) ou uma pessoa (a biografia de Steve Jobs e a marca Apple).
- **Origem interessante:** explique como surgiu a narrativa, quais seus elementos principais, os lugares onde se passa, os motivos por trás da ação.
- **Verdades humanas:** uma boa história trata de sentimentos, conflitos, resoluções e superações. É o que vai fazer o seu público se identificar com a ideia.
- **Formato adequado:** o que faz uma história bem contada é a relação que ela estabelece com o público, por isso pense no suporte em que vai apresentá-la. Pode ser uma história em quadrinhos, texto corrido, esquetes teatrais, vídeos ou uma boa montagem em PowerPoint.
- **Moral embutida:** a Natura fala da sustentabilidade, a Apple prioriza a inovação, a Nestlé valoriza a confiança do brasileiro em seus produtos: toda história precisa ter um elemento catalisador.

Tudo isso vale tanto para marcas quanto para pessoas, e você pode usar essas técnicas para escrever textos em sites, blogs e redes sociais e assim divulgar seu nome.

9→ Brainstorming

O brainstorming, ou "tempestade de ideias", é uma ferramenta empregada para a geração de novas ideias, conceitos ou soluções relacionados a um tema específico. Ele explora o potencial criativo de um grupo de trabalho e ajuda a romper bloqueios, pensar fora da caixa e descobrir novas soluções para um problema.

A famosa frase "duas cabeças pensam melhor do que uma" é perfeitamente aplicável quando precisamos de inovação e criatividade, por isso o brainstorming é feito por meio da associação de ideias. É importante ter em mente que qualquer ideia é bem-vinda. Ela poderá vir crua em um primeiro momento, mas, depois, poderá ser aprimorada. Também é necessário discutir sua ideia com pessoas de diferentes opiniões.

Garantir que os processos participativos tenham eficácia é de suma importância. Um dos elementos determinantes para se garantir resultados surpreendentes no processo é a escolha do conjunto de participantes das conversas e o engajamento deles. O formato do brainstorming considera três fases distintas:

Fase 1: GERAÇÃO DE IDEIAS

- Formação de grupos de pessoas.
- Escolha de um lugar estimulante.
- Escolha de um facilitador para o processo.
- Definição de objetivo.
- Geração de ideias múltiplas e não censuradas.

Fase 2: REGISTRO DAS IDEIAS

- As ideias deverão ser revisadas pelos participantes.
- O facilitador registra as ideias em local visível (quadro, cartaz etc.).

Fase 3: AVALIAÇÃO DAS IDEIAS PROPOSTAS

- Deverão ser eliminadas as ideias duplicadas ou fora do objetivo determinado.
- Das ideias restantes devem ser selecionadas aquelas mais viáveis.

ATENÇÃO: é importante focar no que acontece após a sessão de brainstorming para não perder as ideias geradas. O facilitador e os gestores devem dar andamento para o planejamento e execução das ideias apresentadas, a fim de gerar novas ações no futuro.

10→ Reflexão sobre relacionamentos

Esta atividade guiada tem o objetivo de sensibilizar nossas emoções e ativar a reflexão utilizando a música "A lista", de Oswaldo Montenegro. O objetivo é elucidar a necessidade de as pessoas manterem relacionamentos embasados na afetividade e no amor. Procure a letra da canção na internet; não vai ser difícil achar. Baseando-se nas "perguntas" e "instruções" da canção, faça a sua lista. A seguir, passe para a segunda parte do exercício:

- Trace uma linha numa folha de papel na vertical, dividindo-a ao meio.
- À esquerda, relacione os nomes das pessoas que, de alguma forma, fazem parte do seu círculo de relacionamentos, na convivência diária ou não.
- À direita, divida o espaço ao meio novamente. Gire a folha, de modo que fique na horizontal e você tenha duas novas divisórias, uma à esquerda, outra à direita.
- Selecione sete nomes da lista inicial e escreva-os na nova divisória da esquerda, pelo grau de importância, um embaixo do outro.
- Na nova divisória da direita, escreva, uma embaixo da outra, as seguintes informações:

1. Dialogando.
2. Com indiferença.
3. Dando o melhor de mim.
4. Com carinho.
5. Com preguiça.
6. Com medo/receio.
7. Com saudade.

- Agora, faça a velha brincadeira de unir os pontos de cada coluna, respondendo à pergunta: "Como eu trato essas pessoas?".

Por fim, ouça a música e reflita de novo sobre os versos, acompanhando a lista que fez.

←→

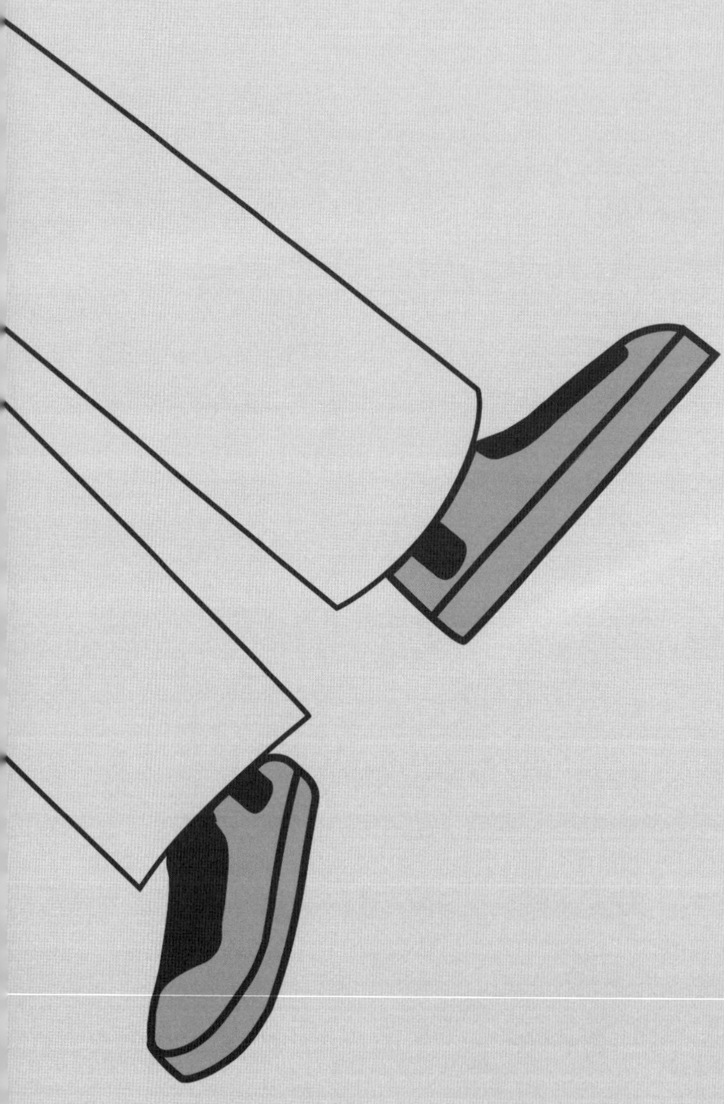

Capítulo 5

Persista

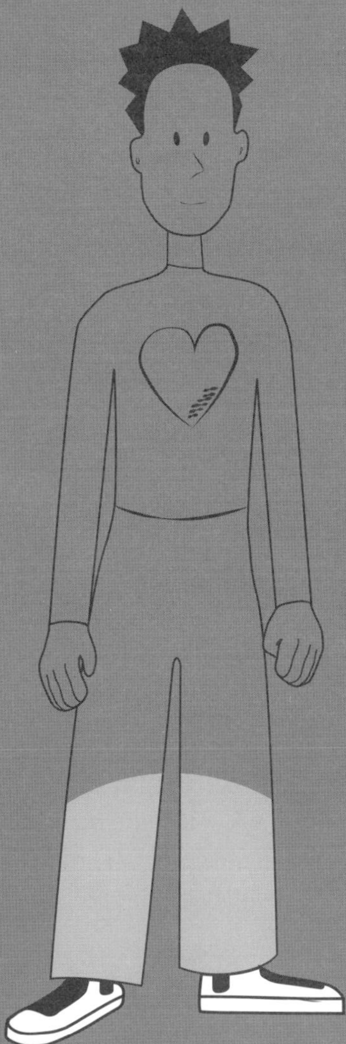

Não importa o quanto você tenha falhado. Levante todos os dias e recomece. Tropeços e obstáculos fazem parte da jornada. Continue caminhando para o seu objetivo.

A persistência é uma das maiores qualidades que uma pessoa pode ter. Em uma jornada cheia de decisões complexas e momentos de dúvida, quem é persistente consegue enxergar os desafios como grandes oportunidades. Já parou para pensar em como você lida com os obstáculos?

Quando falo de persistência, minha grande inspiração é o vietnamita Thái Quang Nghiã. Tive o prazer de conhecer profundamente a sua história e dela pude tirar lições valiosas que sempre compartilho em palestras, aulas e workshops.

Thái veio para o Brasil na década de 1970, fugindo do Vietnã em guerra em um barco de pesca com mais 60 pessoas. Depois de passar quatro dias à deriva no mar, o grupo foi resgatado por um navio da Petrobras e desembarcou no Brasil. Eles não tinham família e se viram diante de costumes, cultura e língua completamente diferentes. Thái lembra que naquela época se sentia "cego, surdo e mudo", e por isso se apegou à única coisa que ainda tinha preservado na vida: sua liberdade.

Para conseguir se comunicar com os brasileiros, ele criou seu próprio dicionário vietnamita-português, escrito a mão em um caderno universitário. Com amigos, conheceu a Universidade de São Paulo (USP) e ficou maravilhado pelo lugar. Passou no vestibular para matemática e fez cursos de computação no Senai e Senac, o que o levou a conseguir emprego em um banco, o que finalmente possibilitou que se estabelecesse bem no Brasil.

Até aí sua história já seria um exemplo de superação, mas vieram outros acontecimentos. Thái emprestou dinheiro para uma amiga empreendedora, que acabou falindo e pagando a dívida com as bolsas que sobraram do negócio. Para não sair no prejuízo, Thái vendeu todo o estoque e percebeu que ganhava mais dinheiro no comércio do que no banco. Não pensou duas vezes: montou uma empresa para vender as bolsas e passou a fabricar sandálias inspiradas nos guerrilheiros vietnamitas: a Góoc Eco Sandal, feita de pneus descartados. O produto fez muito sucesso na década de 1990 no Brasil e no exterior, sendo exportado para Estados Unidos, Europa e Japão. Porém, no auge do sucesso, Thái perdeu tudo quando sua fábrica pegou fogo e teve que recomeçar do zero. Hoje a fábrica não existe mais, e Thái dá palestras e treinamentos sobre sua história de superação, resiliência e disciplina.

Em momentos de grande adversidade, olhe para o que você ainda tem e não para o que perdeu. Isso te ajudará a passar com mais esperança por aquele momento.

THÁI QUANG NGHIÃ

O que a história do vietnamita Thái Quang Nghiã ensina é que não importa o tamanho do problema: precisamos nos manter firmes e usar os momentos de crise como aprendizado. Não é à toa que a persistência é uma habilidade essencial para os empreendedores de todos os tempos. A bibliografia de grandes personalidades mostra quantas adversidades elas enfrentaram e superaram ao longo de suas vidas. Já em 1928, a persistência foi apontada por Napoleon Hill como uma das leis do triunfo.

O empreendedor Geraldo Rufino é outro exemplo de quem tem a persistência em seu DNA. Ele está sempre disposto a ver a oportunidade por trás dos problemas e jamais perde de vista que é preciso trabalhar o espírito e a mente com otimismo e determinação.

Sua empresa, a JR Diesel, começou por causa de um acidente com dois caminhões que não tinham seguro. Ele então resolveu desmontar os caminhões para vender as peças e encontrou ali uma oportunidade de mercado. Fundou na década de 1990 uma empresa de desmontagem de caminhões que fatura mais de 50 milhões de reais por ano.

Ao longo de sua trajetória, Rufino faliu seis vezes. Ele costuma dizer que saiu mais feliz, sábio e rico, de todos os reveses que teve na vida. E a receita de sucesso é muito simples: pensar positivo!

Considerando que qualquer jornada terá obstáculos e desafios, é importante saber lidar com as crises e encarar os obstáculos sempre procurando ver o copo mais cheio.

Segundo David Barioni Neto, administrador com mais de 30 anos de aviação e especialista responsável pela gestão dos maiores acidentes aéreos do Brasil, é preciso ser persistente e saber correr riscos.

Autoconsciência: o que te sustenta?

Uma das experiências mais dolorosas para o ser humano é a sensação de fracasso. Todos já viveram esse momento alguma vez e sabem os sentimentos difíceis que precisamos digerir: vergonha, raiva, ressentimento, mágoa.

Pois é nessa hora que precisamos fincar nossas raízes no chão e nos manter firmes para retomar a jornada. Por isso a representação do princípio da persistência são os pés, os pilares que nos sustentam diante dos obstáculos e que nos mantêm firmes mesmo com ventos e tempestades.

> *O diamante é um pedaço de carvão que teve perseverança.*
>
> THOMAS EDISON

Contudo, ser persistente não significa ser imune às angústias ou às preocupações. Pelo contrário, a dor deve ser acolhida e compreendida, o que se consegue com uma boa dose de autocompaixão. Ao admitirmos a nossa vulnerabilidade, acessamos nossa força interior e abrimos espaço para a superação.

Para trabalhar a autocompaixão, a primeira coisa a fazer é aprender a aceitar que os sentimentos ruins fazem parte de nós e que precisamos vivenciá-los para poder liberá-los. Se precisar de ajuda, peça. Mas ajude a si mesmo também. Não baixe a cabeça, não se vitimize. Tenha por você a mesma compaixão que teria se estivesse cuidando de alguém querido.

Não podemos escolher as situações de crise pelas quais passamos, mas podemos escolher como reagir a essas circunstâncias desfavoráveis. O mesmo fogo que fere pode queimar medos, bloqueios e o seu ego. Enfrente essas fases com a mentalidade voltada para o aprendizado.

Michelle Obama, ex-primeira-dama dos Estados Unidos, afirma que fracassar é parte crucial do sucesso. Toda vez que alguém fracassa e se recupera, consegue exercitar a perseverança, que é a chave da vida. "Nossa força está na habilidade de nos recompormos", diz ela.

O problema é que muitos fogem de si mesmos em momentos de adversidade, quando o melhor caminho seria ser realista sobre o que aconteceu. É bom aprendermos a gerir as emoções e a manter uma visão positiva de nós mesmos e da nossa capacidade de aprendizado e adaptação rápida, olhando para as coisas sob novas perspectivas e entendendo que a dificuldade pode ser apenas um manto que encobre a oportunidade. O insucesso é só uma oportunidade para recomeçar com mais inteligência.

Saiba que a crise sempre vem acompanhada de um prazo para terminar, um aprendizado e uma solução. Tenha consciência de que nada é eterno. Portanto, não desista. Mantenha o foco e aproveite os tropeços para amadurecer, modificar e aperfeiçoar suas ideias.

O propósito de estar aqui é o aprendizado. Você não evolui, não amadurece, não adquire consciência e não se aprimora se não houver aprendizado com o sofrimento, a frustração, a decepção, as perdas e os erros.

O professor Marcelo Nakagawa, um dos maiores especialistas em inovação do Brasil, explica que o pulo do gato está justamente na capacidade de aprendizado rápido. "Os melhores empreendedores são aqueles que aprendem a lidar com seus próprios erros. É isto que permite que tomem decisões baseados numa sabedoria que conseguiram desenvolver de forma muito rápida."

Uma história de sucesso só é construída quando somos capazes de aprender com nossos erros e temos persistência para continuar estabelecendo novas metas e planejando estratégias para dar a volta por cima.

É preciso identificar o erro rapidamente, sem se deixar intimidar por ele. Uma vez que errou, faça diferente, mas não deixe de correr o risco de errar. O que você deve evitar é errar novamente pelos mesmos motivos.

Portanto, não desista: persista. Não tenha medo de tentar de novo. Seja perseverante. Saiba quais são os seus limites e vá um pouco além. É tentando e persistindo na busca que você vai conseguir concretizar seus sonhos.

O sucesso não vem do que fazemos só de vez em quando, mas nasce das pequenas ações que repetimos diariamente. E isso só é possível quando seu eixo está centrado em você, nos seus valores, nas suas raízes e na sua visão de futuro. A chave para isso é o autoconhecimento e a consciência de suas habilidades e soft skills. O pulo do gato é a frequência, a constância, a consistência e a persistência.

Caixa de ferramentas

E quando tudo parece dar errado? Como você lida com os desafios? O que você tira de aprendizado? Quais são suas raízes para persistir? Como o fracasso é inevitável, precisamos desenvolver qualidades como determinação, perseverança, flexibilidade e adaptabilidade. Veja aqui outras soft skills essenciais para persistir:

ACEITAÇÃO: é a capacidade de aceitar a realidade imposta de modo que você consiga ter uma visão realista do que acontece. Aprender a gerir as emoções aceitando a dor, mas definindo metas e objetivos para o dia seguinte.

ADAPTABILIDADE: é a capacidade de se adequar a mudanças e diferentes contextos para superar os desafios cotidianos. Em um mundo em constante transformação, o profissional com adaptabilidade sabe utilizar suas habilidades, conhecimentos e características pessoais para cada situação. Ser adaptável também implica permitir-se a constante evolução pessoal e profissional.

AUTOCONTROLE: trata-se da característica de quem consegue identificar as próprias emoções com facilidade, de quem tem capacidade de se automotivar mesmo diante de frustrações e desilusões. É a capacidade de controlar impulsos, canalizar emoções, agir e assumir a responsabilidade pelo próprio estado emocional.

AUTORRESPONSABILIDADE: é a capacidade de responder por nossas decisões e entender que a vida é um reflexo das nossas escolhas.

CONVICÇÃO: é a perseverança, a crença de que algo é possível mesmo quando há indicações do contrário. Ter convicção é sentir-se capaz de fazer ou realizar alguma coisa por pura intuição ou mesmo fé.

DETERMINAÇÃO: um sentimento emocional positivo que envolve a perseverança para alcançar uma meta difícil, apesar dos obstáculos. A determinação aparece antes da realização de um objetivo e serve para motivar o comportamento que vai ajudar a alcançar a meta. Tem a ver com decisão, resolução, firmeza e arrojo.

HÁBITO: seguir um padrão pessoal de comportamento é muito importante. São os hábitos repetidos diariamente, com consistência e constância, que fazem a diferença. A repetição é a mãe de toda aprendizagem e o segredo do hábito. Fazer o melhor possível constantemente é a melhor maneira de obter bons resultados.

NEGOCIAÇÃO: um processo de comunicação pelo qual duas ou mais pessoas buscam promover seus interesses individuais por meio de uma ação conjunta. Trata-se de uma forma de resolução de conflitos em que as partes dialogam diretamente.

OTIMISMO: está relacionado à crença de que o futuro será melhor e as circunstâncias serão favoráveis. Existem inúmeros benefícios em se tornar uma pessoa otimista, incluindo uma personalidade mais agradável e maior propensão para buscar recursos e estratégias para seus objetivos. Uma pessoa otimista está disposta a enfrentar dificuldades e desafios, não se deixando abater e transmitindo confiança aos demais ao seu redor.

RESILIÊNCIA: na física, a resiliência é a capacidade de um material voltar ao seu estado original sem se deformar depois de sofrer pressão, como um elástico ou uma mola, por exemplo. A resiliência humana é a capacidade de aguentar a pressão num ambiente estressante e não se abalar, não adoecer e voltar a agir com positividade após um erro, um fracasso.

OLHAR EM PERSPECTIVA: é comum ver pessoas presas em situações que não conseguem resolver simplesmente por não conseguirem enxergar outras perspectivas. A vida é repleta de problemas que nos deixam perdidos, sem saber exatamente para onde ir. Muitas vezes pensamos que já tentamos de tudo, quando na verdade tentamos de tudo apenas do nosso ponto de vista. Tente observar, verificar e estudar os erros e acertos a partir de outras perspectivas. Você vai achar outras soluções de maneira muito mais rápida e eficiente.

PACIÊNCIA: é a capacidade de saber que não existe sucesso da noite para o dia. É preciso aprender que tudo tem o seu tempo para crescer, brotar, florescer. Aceitar o ciclo da vida, respeitar o fluxo do tempo. Esperar o tempo certo para colher, agir, seguir, aprender.

PENSAMENTO CRÍTICO: é a habilidade de questionar padrões e de encontrar respostas diferentes, quebrando paradigmas, buscando novas alternativas e não se perdendo no excesso de informações. Essa habilidade é o que nos ajuda a identificar conceitos preestabelecidos e refletir sobre eles, o que nos faz analisar as questões objetivamente, filtrando preconceitos e permitindo diversas perspectivas.

SERENIDADE: a característica de quem age com tranquilidade diante de situações complicadas, perigosas, traumáticas. Desenvolve-se mais facilmente depois de termos imprimido um ritmo harmonioso na vida diária. O ideal seria reservarmos um momento durante o dia para estar em quietude.

TOLERÂNCIA: essa é a capacidade de aprender a respeitar as diferenças e de praticar o não julgamento, de aceitar uma pessoa ou um grupo social que tenha uma atitude diferente da nossa. A partir da tolerância é garantida a aceitação da diversidade social e da liberdade de expressão. Tolerar algo ou alguém é permitir que isso prossiga, mesmo que não concordemos, pois é dado o respeito de discordar.

Artefato: bambu

Todos os empreendedores que entrevistei falharam antes de dar o pulo do gato, ou seja, erraram, aprenderam com as falhas e usaram essa oportunidade para tomar um novo impulso.

Mas como eles fizeram isso? De onde tiraram forças para se levantar após a queda? Percebi que todos eles mantiveram o compromisso com seus sonhos, tiveram flexibilidade para mudar a estratégia, a mente voltada para o aprendizado e força de vontade para se superar.

*O que não podemos evitar
só podemos aceitar.*

WILLIAM SHAKESPEARE

Uma das imagens mais simbólicas dessas características é a do bambu. Na interpretação filosófica, ele simboliza a paciência, a determinação, a serenidade e a flexibilidade. O bambu apresenta um sistema complexo de raízes que o torna flexível e resistente. Em vez de se preocupar com um crescimento vistoso, a árvore primeiro consolida seus alicerces e depois se torna tão flexível quanto possível.

Se quisermos aprender com a natureza, é necessário que finquemos raízes fortes, assim como o bambu. Dessa forma, quando surgirem os problemas, estaremos prontos para nos conectarmos com as nossas bases, bancar nossas escolhas e renovar o foco para continuarmos firmes e fortes na ação.

Por isso, quando tudo parecer pesado, apegue-se à paixão que te fez iniciar a jornada. Quando sabemos o nosso porquê, tomamos consciência de que as tempestades são passageiras. Assim nos mantemos centrados na solução dos problemas, e não no problema em si. Se estiver indo pelo caminho errado, corrija a rota, mas continue fazendo, não desista.

Como disse o empreendedor Pedro Mello, é preciso tempo para amadurecer e cometer cada vez menos erros, sempre olhando para ver o que pode mudar.

Exercícios

Agora que vimos os conceitos e valores contidos no princípio do Persista, é hora de ativarmos essas soft skills com alguns exercícios práticos.

1→ Controle do estresse

Dores, preocupação, perda de apetite, apatia. São muitas as emoções que nos dominam quando estamos sob estresse. O equilíbrio emocional é essencial para aprender a reagir às adversidades, e a chave para lidar com um estado de ansiedade é *aceitá-lo totalmente*. Permanecer no presente e aceitar a sua ansiedade a fazem desaparecer.

Para lidar com sua ansiedade você pode utilizar uma ferramenta de gestão emocional muito bacana que utilizo no meu dia a dia. É a estratégia **A.C.A.L.M.E.-S.E.**, que tem oito passos:

- **ACEITE** a sua ansiedade. Substitua o medo, a raiva e a rejeição por aceitação. Ao resistir, você prolonga e intensifica o seu desconforto. Em vez disso, deixe as sensações fluírem.
- **CONTEMPLE** as coisas a sua volta. Não olhe só para dentro, observando somente o que sente. Olhe ao redor, observando

cada detalhe da situação em que você está. Descreva esses detalhes minuciosamente em silêncio, como meio de se conectar com os acontecimentos externos.

- **AJA** como se não estivesse ansioso. Diminua o ritmo, a velocidade com que você faz as suas coisas, mas mantenha-se ativo. Se fugir, sua ansiedade vai diminuir, mas o medo vai aumentar, e da próxima vez a crise vai ser pior. Se ficar onde está e continuar a fazer as coisas bem devagar, tanto a ansiedade quanto o medo vão diminuir.
- **LIBERE** o ar dos pulmões. Respire com calma, inspirando pouco ar pelo nariz e expirando longa e suavemente pela boca. Dirija o ar para o seu abdome, estufando-o ao inspirar e deixando-o encolher-se ao expirar. Ao exalar, não sopre: simplesmente deixe o ar sair lentamente da boca. Procure descobrir o ritmo ideal de sua respiração e veja como é agradável.
- **MANTENHA** os passos anteriores. Repita cada um. Continue a aceitar sua ansiedade, a contemplá-la, a agir com ela e a respirar calma e suavemente até que a crise diminua.
- **EXAMINE** seus pensamentos. Pode ser que eles estejam antecipando coisas catastróficas. Examine o que está pensando e reflita racionalmente para ver se é verdade ou não. Você acha que está em perigo, mas tem provas reais disso?
- **SORRIA**, você conseguiu se tranquilizar, superar esse momento e merece todo o crédito e reconhecimento, pois passou a compreender e aceitar melhor alguma coisa.
- **ESPERE** o futuro com aceitação. Não pense que se livrou da ansiedade para sempre. Em vez disso, concentre-se no jeito como você lida com ela e saiba que está preparado para quando ocorrer novamente.

2→ Mentalidade positiva

Vemos as coisas não como elas são, mas como nós somos. O modo como escolhemos ver as circunstâncias da vida define nosso caminho. Quando estou feliz, vejo a felicidade nos outros. Quando sinto compaixão, vejo o mesmo sentimento nas outras pessoas. Quando estou cheio de energia e esperança, vejo muitas oportunidades à minha volta. Mas, quando estou com raiva, vejo uma irritação despropositada. Quando estou deprimido, percebo a tristeza nos olhos de quem me rodeia. Quando estou desanimado, vejo o mundo como um lugar chato e sem atrativos. Eu vejo o que eu sou!

Por isso é tão importante manter a mente positiva. Aqui vão alguns passos para ajudar nessa tarefa:

- **Reflita:** seus problemas não o definem. Se permitir que seus problemas se tornem parte de você, eles vão sugar suas energias e você não terá forças para lutar contra eles.
- **Não faça suposições:** não se atormente pensando "Se eu tivesse feito isso", "Talvez devesse ter ido". Esses pensamentos só servem para julgar e destruir a si mesmo. O que está feito está feito. Assuma os erros como aprendizados e bola pra frente.
- **Busque contato com a natureza:** coloque os pés na grama ou na areia da praia, enfie as mãos na terra do vaso ou na água gelada do mar. Nada como a natureza para nos trazer para o momento presente.
- **Observe os gatilhos:** note o que ativa seus pensamentos negativos e tente não se envolver com eles. Mude o foco para outras questões e deixe que a preocupação desapareça por falta de atenção. Treine sua mente para se tornar positiva e ativar momentos prazerosos.
- **Marque hora e local para as preocupações:** é comum acharmos que pensar muito pode nos levar à solução dos problemas,

mas não é verdade e só piora as coisas. Escolha um período específico para se preocupar e adquira o hábito de pensar e falar sobre assuntos difíceis em horas determinadas, para que as preocupações não ocupem sua cabeça 24 horas por dia.

- **Agradeça:** no fim de cada dia, faça uma lista das coisas que te deixaram feliz. Pode ser uma conversa interessante, uma comida gostosa, um encontro com um amigo.
- **Acredite:** é extremamente importante acreditar em algo maior que nos dê esperança para seguir em frente apesar dos desafios.
- **Organize-se:** limpar e arrumar os ambientes exteriores é fundamental para manter o mundo interior em ordem.

3→ Desenvolva o pensamento crítico

O pensamento crítico é uma habilidade essencialmente humana, com a qual somos capazes de analisar informações, verificar dados e criar estratégias. Uma das características mais marcantes dessa competência é saber questionar.

O pensamento crítico foi selecionado pelo Fórum Econômico Mundial como uma das soft skills mais requisitadas na nova economia. Ele está ligado ao autoconhecimento e ajuda a despertar o raciocínio investigativo para solucionar problemas. Essa forma de pensar reflete o contexto por meio da consciência, e não da inteligência. Muitas vezes, pessoas extremamente inteligentes não conseguem transformar a sua realidade porque não conseguem fazer reflexões sobre temas e perceber outras formas de pensar.

Para desenvolver essa habilidade é preciso fazer perguntas, permitir novas perspectivas e se abrir para alternativas que quebrem os paradigmas vigentes. Ao fazer isso, é possível identificar processos de pensamento diferentes e expandir o próprio mecanismo mental. A seguir, veja práticas importantes para aperfeiçoar o pensamento crítico de forma constante:

- Desafie seus preconceitos e vieses inconscientes. Permita que suas convicções sejam confrontadas e procure entender o raciocínio do outro.
- Ative a escuta ativa e ouça outras opiniões para entender novos pontos de vista.
- Amplie seu repertório. Tenha acesso a fatos e ideias que estão fora da sua zona de conforto. Gosta de finanças? Vá assistir a um programa de receitas, por exemplo.
- Tenha curiosidade. Mantenha a mente aberta e se exponha a ideias diferentes das suas.
- Faça avaliações objetivas. Elimine tudo que é fator subjetivo e não crie contextos que não existem. Exercite a capacidade de discernir e separar o fato da opinião.

4→ Novas perspectivas: Matriz CSD

A Matriz CSD é uma ferramenta que aponta para a existência de Certezas, Suposições e Dúvidas em todas as situações que precisamos investigar. Quando começamos a preenchê-la, fica evidente a grande quantidade de perguntas em contraste com o pequeno volume de certezas, especialmente em contextos mais complexos. Fazer essa reflexão é muito importante para "firmar o passo" e, gradativamente, ir povoando o espaço das incertezas.

A Matriz CSD é uma maneira ágil e potente de abrir horizontes, ampliar perspectivas e promover a boa gestão da informação e do conhecimento. Ela funciona a partir de três questões a seguir.

- **Certeza:** o que nós já sabemos a respeito?
- **Suposição:** quais são as nossas hipóteses? (ou o que supomos saber?)
- **Dúvida:** quais perguntas devemos fazer?

A partir desses itens, escolha um problema que você está enfrentando no trabalho e preencha a planilha abaixo para ter um panorama visual sobre sua questão.

Matriz CSD (certezas, suposições e dúvidas)

MATRIZ CERTEZAS-SUPOSIÇÕES-DÚVIDAS		
Problema:		
CERTEZAS	SUPOSIÇÕES	DÚVIDAS

5→ Autorresponsabilidade

Ser autorresponsável é a qualidade de quem se propõe a ser o protagonista da própria vida. Mas o caminho de culpar os outros pelos resultados negativos é mais comum do que se pensa. Não é fácil assumir a responsabilidade da própria vida. Por isso, para as pessoas que almejam o crescimento profissional e pessoal, é importante aplicar as leis da autorresponsabilidade, que são exercícios diários para a criação de novos hábitos. São elas:

- Se é para criticar, cale-se.
- Se é para reclamar, dê uma sugestão.
- Se é para apontar culpados, busque soluções.
- Se é para se fazer de vítima, faça-se de vencedor.
- Se é para justificar os seus erros, aprenda com eles.
- Se é para julgar as pessoas, julgue apenas suas atitudes e comportamentos.

6→ Aprenda a negociar

Entrar numa negociação sem a clareza de onde se pretende chegar é um problema. Defina suas metas antes de estabelecer a estratégia de negociação, lembrando que num processo como esse devem existir diferentes tipos e níveis de objetivos, que precisam ser perseguidos etapa por etapa. Buscar várias pequenas vitórias é menos cansativo e mais estimulante do que perseguir um único objetivo distante.

Nos negócios, assim como na vida, você não ganha o que merece, e sim o que negocia.

CHESTER L. KARRASS

Antes de começar a negociar, analise bem o que estará em jogo, procure conhecer bem os interesses da outra parte, analise o contexto e tente encontrar proposições que sejam vantajosas para todos os envolvidos, a fim de tornar o processo ganha-ganha. Confira a seguir algumas dicas sobre como negociar de forma mais eficiente:

- **Dois ouvidos, uma boca:** esse conselho milenar faz sentido na hora de negociar. Escute o que o outro lado tem para falar antes de fazer sua proposta. Você acaba conhecendo o que a pessoa está pensando e pode fazer modificações nos seus planos de acordo com o que for dito primeiro.

- **A gentileza vence o medo:** provavelmente a pessoa com quem você está negociando está tão nervosa e ansiosa quanto você. A melhor forma de equilibrar todo esse medo concentrado é ser gentil.
- **Prepare-se:** parece óbvio, mas sempre é bom lembrar: nunca vá para uma reunião profissional sem estar preparado. Informe-se sobre tudo o que pode ser útil para fechar o negócio – vale até visitar o perfil nas redes sociais da pessoa com quem você vai conversar para saber quais são os interesses dela.
- **Não perca seu tempo:** se a conversa não está levando a lugar nenhum, pense se o que você quer alcançar com isso vale todo o trabalho. Que outros proveitos você pode tirar dessa negociação além daquele que tinha imaginado no início?

7→ Kaizen

O método Kaizen foi criado na década de 1950 no Japão. A palavra significa mudança para melhor e é usada para transmitir a noção de melhoria contínua na vida em geral, seja ela pessoal e familiar, seja social ou no trabalho. O lema do Kaizen é "Hoje melhor do que ontem, amanhã melhor do que hoje", ou seja, a ideia é melhorar a cada dia.

Na metodologia Kaizen é sempre possível fazer melhor, ou seja, nenhum dia deve passar sem que alguma melhoria seja implementada na vida pessoal ou na profissional, de forma a reduzir custos e aumentar a produtividade.

As mudanças feitas devem ser graduais e nunca bruscas, para não perturbar o equilíbrio da estrutura. Essa metodologia requer que se trabalhe de forma equilibrada e satisfatória, tendo em conta a estabilidade financeira e emocional do trabalhador, um clima organizacional agradável e um ambiente profissional simples e funcional.

O Kaizen é regido por mandamentos como a eliminação de desperdícios, o aumento da produtividade, a comunicação transparente e a priorização na melhoria das pessoas, uma vez que são elas que executam as ações da organização.

O foco do Kaizen é aprender na prática! Para atingir esse objetivo, existem alguns passos que devem ser cumpridos, e, segundo o Instituto Kaizen, são:

- Descarte ideias fixas e convencionais.
- Pense em como fazer, e não em como deve ser feito.
- Não invente desculpas, pois elas são o caminho mais rápido e simples para não melhorar.
- Não espere pela perfeição e comece já, mesmo que pareça que só consegue fazer metade do trabalho.
- Se errar, corrija o erro imediatamente.
- Não gaste apenas dinheiro na melhoria contínua; use a mente criativa.
- Procure a sabedoria também na adversidade.
- Pergunte "por quê?" cinco vezes e procure as causas.
- Prefira a sabedoria de dez pessoas juntas ao conhecimento de apenas uma.
- Saiba que as estratégias Kaizen são infinitas.

Duas dicas fáceis para ajudar a colocar esse método em prática são simplificar as tarefas e aplicá-lo todos os dias. Ao distribuir pequenas obrigações que você pode realizar durante seu horário de trabalho, haverá maior eficácia da sua função. Além disso, você cria o hábito quando coloca em prática diariamente o método, o que desenvolve uma rotina saudável e produtiva.

8→ Autocompaixão

A maneira como encaramos nossas vulnerabilidades é o que realmente nos define, que nos faz valorizar profundamente todos os desafios da vida. É um exercício de autoconhecimento essencial para nossa evolução.

Aceitar o peso dos nossos fracassos nos ajuda a encontrar forças para nos reerguermos. Nessa hora precisamos ser gentis com nossas dores, descartar os culpados e olhar para dentro. Somos nós os responsáveis pela saúde da nossa alma.

Por baixo do fracasso existe vida e a nossa própria história. E é nesse caminho de limpeza interna que descobrimos nossas maiores fortalezas e encontramos a trilha para a cura. A autocompaixão é uma presença adorável, gentil, humana, que aquece o coração mesmo nos dias mais frios.

Vamos praticar a autocompaixão? Pause por um momento. Respire fundo. Coloque as mãos no coração. Respire profundamente três vezes e se pergunte:

Como estou me sentindo hoje?
O que eu preciso agora?
Como eu quero me sentir?
O que me faria bem agora?
Como posso ser mais gentil comigo?
O que eu gostaria de dizer para mim?
O que eu escolho agora?

Estando mais conscientes das nossas reais necessidades, podemos caminhar mais confiantes em direção ao que almejamos.

Para saber mais, vale a pena assistir à palestra de Tania Singer no TEDx, intitulada "A neurociência da compaixão".

9→ Técnica dos 5 porquês (5-Why)

A técnica dos 5 porquês surgiu no Japão, na empresa Toyota, com a finalidade de aumentar a qualidade de seus processos pelo descobrimento da causa raiz dos seus problemas. Isso porque geralmente as pessoas costumam atuar no efeito de um problema e não procuram a causa, o que faz o problema se repetir outras vezes.

Por exemplo, uma agência de marketing não fez uma boa apresentação da campanha e pode perder o cliente. Então, com a ajuda desta ferramenta, ela pode encontrar a raiz do problema. A técnica consiste na repetição da pergunta "Por quê?" cinco vezes, com o objetivo de aprofundar as causas do problema analisado. Eis um exemplo real:

PROBLEMA: o cliente não gostou da apresentação.

→ Por quê? Ele não entendeu o objetivo da campanha.
→ Por quê? O apresentador não conseguiu explicar direito o que estava no PPT.
→ Por quê? Porque o design estava confuso.
→ Por quê? Porque o designer não conseguiu entender o briefing.
→ Por quê? Porque o atendimento não fez uma reunião para confirmar se o briefing e a execução da campanha estavam alinhados.

AÇÃO: alinhar sempre uma reunião de DEbriefing entre cliente e agência para ver se todos compreenderam os objetivos e metas da campanha.

Como você pode ver, encontrar a **causa-raiz de um problema** é fundamental para que qualquer ação para resolver seja eficaz. Se não tivesse ido na raiz do problema, a agência poderia demitir o apresentador da campanha, o designer ou mesmo o atendimento, mas a questão pedia uma reunião de alinhamento (DEbriefing) entre as partes.

Essa técnica é tão simples que se tornou amplamente conhecida no meio empresarial, sendo usada também para o crescimento pessoal, em problemas como:

- Sempre chego atrasada no escritório e levo bronca do supervisor.

- Estou procrastinando a entrega do meu trabalho de faculdade.
- Não consigo emagrecer.

10→ Como criar hábitos positivos

> *Somos o que fazemos repetidamente. A excelência, portanto, não é um ato, mas um hábito.*
>
> ARISTÓTELES

Cerca de 40% das nossas atividades diárias são hábitos, que podem ser bons ou ruins. Os hábitos positivos (como meditar, fazer exercícios físicos, dormir e se alimentar bem) levam a uma vida mais saudável. Já os hábitos nocivos (beber álcool, usar drogas, procrastinar, comer muito doce) mantêm você longe de alcançar seus objetivos.

A repetição é o segredo do hábito, por isso você tem que entender qual o ciclo do hábito para mudar comportamentos e atingir os resultados desejados. Veja como funciona o ciclo do hábito. De acordo com o escritor Charles Duhigg, tudo começa com um gatilho, (1) que desencadeia uma sequência de ações, (2) que por sua vez geram uma recompensa no cérebro, (3) fazendo o ciclo recomeçar indefinitivamente. Com a repetição, essas três coisas se tornam uma só na nossa mente.

Por isso os hábitos são tão difíceis de serem mudados. Criar um hábito novo é uma tomada de decisão ativa que vai contra o nosso cérebro, que tenta nos proteger de situações incertas. Até que uma nova ação se torne hábito, você terá que trabalhar ativamente nessa construção.

Para começar, selecione o hábito que deseja criar: acordar cedo, meditar todos os dias, praticar exercícios físicos, fazer uma leitura diária, trabalhar em um projeto novo, terminar seu artigo científico etc.

Depois, crie um gatilho para esse processo com recompensas que tragam empolgação. Por exemplo: se você quer praticar exercícios físicos diariamente, crie um horário para isso: ao acordar, na hora do almoço ou depois do trabalho. Tente encaixar esse novo hábito em outro já existente: acordou? Calce o tênis e vá! Almoce já vestido para a academia. Depois do trabalho, vá direto para o parque caminhar.

É importante nesse momento também criar uma gratificação imediata para o novo hábito: depois do exercício, você tem direito a um banho e a dez minutos de descanso para relaxar. Você pode ficar um pouco nas redes sociais de bobeira, apenas para se distrair.

Faça isso de forma persistente e constante por pelo menos duas ou três semanas, até sentir que introjetou de alguma forma esse novo comportamento em sua vida. São necessários muito mais do que 21 dias para criar um hábito. Você deverá insistir de forma consistente por meses (cerca de 90 dias). Vai falhar muitas vezes, mas o que importa é seguir em frente!

Leva tempo para criar ou modificar um hábito. Por isso, é importante planejar, manter o autocontrole e a consistência. O seu cérebro precisa entender que você está no controle agora. Para ajudar, seguem mais três dicas matadoras:

- **Rodeie-se de estímulos e gatilhos que lembrem você da criação do novo hábito positivo:** podem ser imagens, músicas, grupos, aplicativos etc.
- **Diminua o escopo, mas não desista:** se você planejou fazer 30 minutos de ginástica e em um dia qualquer só conseguiu 5 minutos, faça assim mesmo!

- **Uma maneira de manter a consistência é** registrar diariamente seu sucesso (ou fracasso). Você pode usar um aplicativo ou um calendário para anotar sua jornada pessoal.

←→

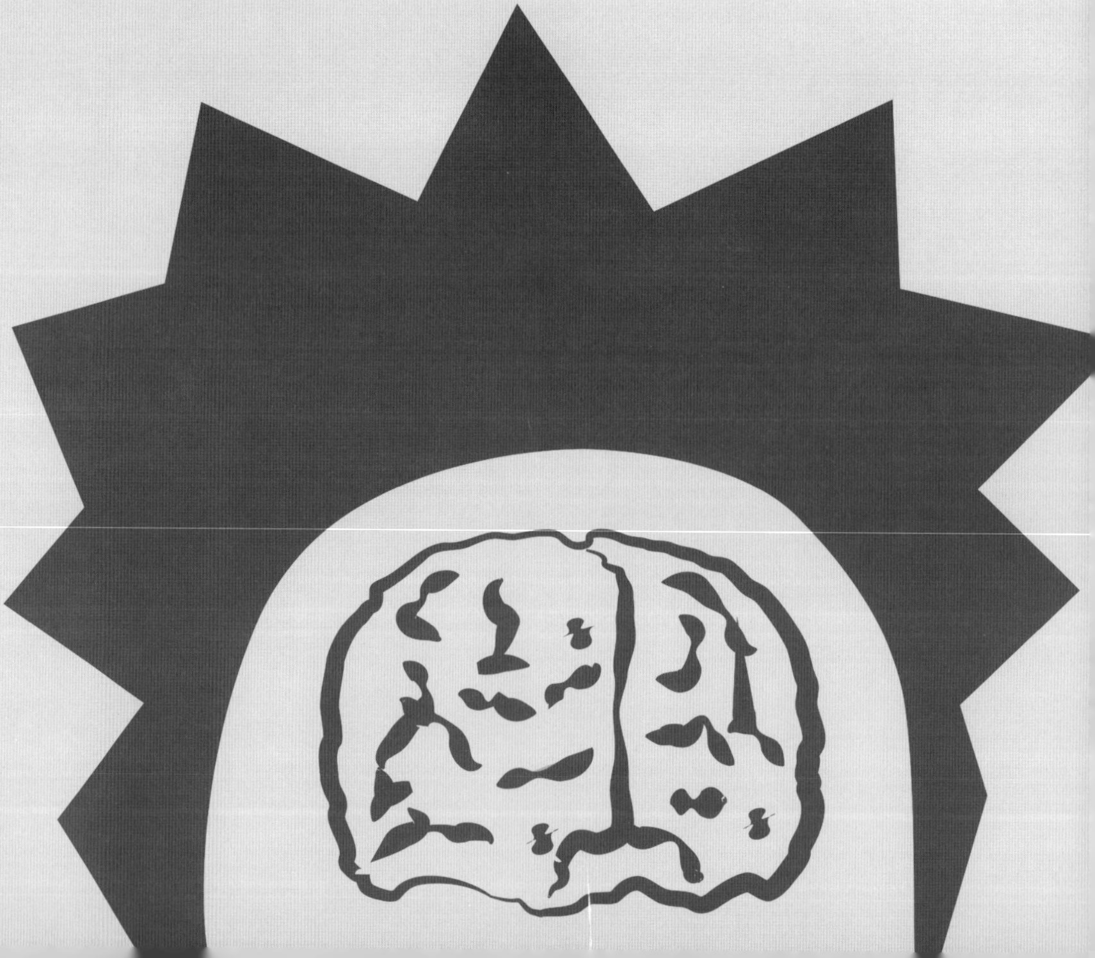

Capítulo 6

Transforme-se

Para seguir o seu caminho e atingir o seu objetivo, não hesite em mudar. Busque o desafio e se transforme para superá-lo.

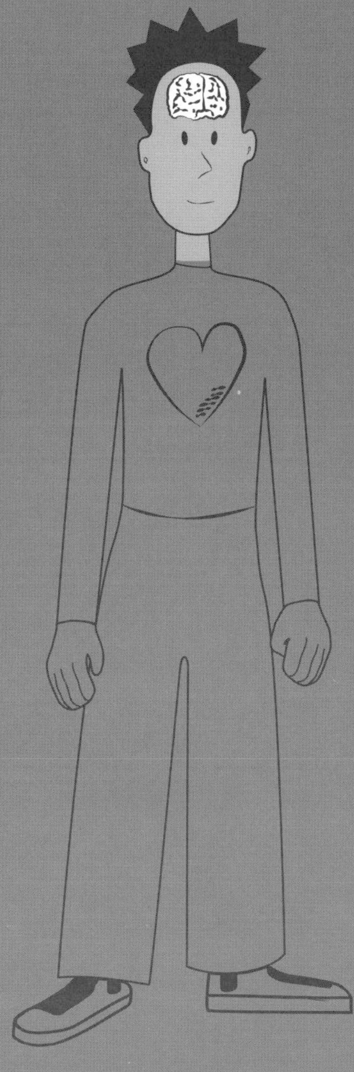

Nós não nascemos prontos, vamos nos fazendo a cada momento. Como lembra Facundo Guerra, fundador do Vegas, um dos maiores grupos de entretenimento de São Paulo, o pulo do gato é saber que as crises são necessárias para provocar uma transformação na forma como vemos e agimos no mundo.

Destaco esse depoimento no último capítulo deste livro porque foi um dos mais transformadores da minha pesquisa. Conheci o Facundo quando trabalhamos juntos na América Online Brasil, no começo dos anos 2000. Nossa interação foi curta, pois logo a empresa fechou e todos perdemos o emprego.

Com o dinheiro da rescisão, Facundo resolveu abrir uma casa de shows na rua Augusta, no centro de São Paulo. O lugar degradado e malvisto na cidade virou point dos jovens descolados e fez muito sucesso. Depois disso, ele abriu dezenas de casas de entretenimento por toda a cidade. Ele se tornou conhecido como o novo rei da noite paulistana, foi capa de revista e lançou um livro contando a sua história.

Facundo é um exemplo do Transforme-se dentro da metodologia do Pulo do Gato Empreendedor©. É um princípio que passa por se conhecer, desenvolver sua paixão, colocar a mão na massa, vislumbrar um projeto, compartilhar ideias, engajar pessoas e persistir mesmo diante das dificuldades.

Vi esse mesmo caminho ser trilhado por muitos dos entrevistados que já citei. Eles foram capazes de se reinventar, mas respeitaram suas experiências. O fato é que, depois que vivenciamos nossas dores, passamos por um verdadeiro processo de transformação interna, mas o mais importante é manter o equilíbrio.

Troque suas folhas, mas mantenha suas raízes.
Mude suas opiniões, mas não perca seus princípios.

VICTOR HUGO

Precisamos ter habilidades para conseguir nos transformar sem nos perdermos. Podemos até trocar nossas folhas, mas nunca perder nossas raízes. Só quem é capaz de mudar a si mesmo é capaz de mudar o mundo.

A transformação tem por princípio nos colocar em harmonia com a nossa essência também considerando o tempo em que vivemos. Minha pesquisa está localizada no século XXI e se situa em um período de intensa disrupção, inovações tecnológicas, globalização e velocidade no fluxo de informações. Mas, se por um lado, o conhecimento está tão disponível e acessível para todos, por outro, o excesso de informação fragmentada perde o valor. Por isso é preciso buscar o significado por trás dessa confusão.

Como diz o especialista Ricardo Voltolini, fundador da Ideia Sustentável, consultoria especializada em liderança com valores, é hora de resgatar a ideia de propósito, aquilo que dá sentido à nossa existência e que podemos prover ao mundo com o que há de mais autêntico e singular dentro de nós.

Esse período representa o resgate de valores e a busca por equilíbrio entre o ser humano, a natureza e a sociedade. Para Voltolini, é necessário encarar a realidade de forma mais sustentável, colaborativa e inovadora.

Outro exemplo de quem trabalha com o mindset de transformação é Edu Lyra. Esse empreendedor nasceu numa favela de Guarulhos, viveu anos com o pai viciado em drogas, teve um primo assassinado por traficantes, mas não desistiu. Foi para a universidade, escreveu um livro chamado *Jovens falcões* e levou às últimas consequências o conselho de sua mãe: “Filho, não importa de onde você vem, mas para onde você vai!”

Hoje, Edu Lyra é reconhecido pelo Fórum Econômico Mundial como um dos jovens líderes com potencial para mudar o mundo. Com seu jeito carismático e fala empolgante, Lyra é capaz de motivar jovens sem perspectivas com alguns minutos de discurso. Em 2012, ele criou o Instituto Gerando Falcões, que atua em escolas públicas de periferias e favelas com o desenvolvimento de literatura, música, rap e dança de rua.

Com o mote de que o jovem pode ser um falcão, não importa a sua origem, o projeto já inspirou e ajudou milhares de pessoas pelo Brasil. Lyra conta que o trabalho do instituto é criar a maior e mais transformadora rede de ONGs do planeta e ajudar a mandar a miséria da favela para o museu. Sobre o pulo do gato, Edu diz que é preciso ter um sonho grande e ter iniciativa, independentemente da realidade em que se vive: "É ter vontade de fazer a diferença. Ter uma ideia para solucionar problemas e persistir nela até o fim."

Autoconsciência: o que te transforma?

Você já parou para pensar no excesso de questões complexas que temos que resolver todos os dias? São informações que se multiplicam em progressão geométrica, numa velocidade impressionante. Mudanças de contexto, tecnologias digitais, aumento da competitividade, aspectos que impactam negócios e desafiam profissionais e empresas.

Enfrentar mudanças faz parte da nossa vida e devemos aceitá-las, mas a transformação mais importante é aquela relacionada a nós mesmos, a nossos próprios pensamentos e emoções.

A representação desse princípio é o cérebro, o centro de operações do nosso organismo e do nosso ser. O cérebro é a manifestação física da nossa mente. Ele é a máquina que usamos para criar atividades, sentimentos, percepção, expectativas e resultados. É na mente que está a chave da nossa transformação, crescimento e evolução.

*O cérebro é um músculo que
pode mover o mundo.*

STEPHEN KING

Como diria Heráclito, a única certeza é a mudança. A mudança é a oportunidade de um novo começo, um novo caminho, uma chance para aprender e amadurecer. E isso só acontece quando temos humildade para ouvir, aceitar sugestões e críticas, desapegar de crenças arraigadas. E então temos uma pequena mudança de atitude que pode fazer uma grande diferença e transformar uma situação difícil em algo superável ou uma circunstância dolorosa em uma oportunidade para ficar mais forte.

*É impossível para um homem aprender
aquilo que ele acha que já sabe.*

EPICURO

Se você sente que está se enterrando na sua zona de conforto, então precisa sair à procura de desafios capazes de motivá-lo. O que não te desafia não te transforma. Não fuja dos desafios, pois eles serão uma oportunidade se você tiver a mente voltada para a transformação e o autodesenvolvimento.

No livro *A chave mestra das riquezas,* Napoleon Hill diz que exercer o domínio sobre a mente é uma aventura para a vida inteira. E é isso que este último princípio vem nos trazer.

Para o especialista em inovação Gustavo Santiago, o pulo do gato é a revolução interna do empreendedor. É preciso quebrar o paradigma de que a responsabilidade de tudo está fora da nossa alçada, quando muitas vezes a responsabilidade é nossa. No empreender da vida, a motivação e o desejo interno são o que faz acontecer e o que traz felicidade na hora de um resultado bacana.

O grande desafio, portanto, é mudar nosso modelo mental para um patamar que vai além da lógica linear cartesiana. É preciso buscar novas respostas, tomar decisões ágeis e assertivas e encontrar a simplicidade em meio a tantas exigências.

Então, fica a dica: vamos simplificar! Nossos negócios, nossa vida, nosso pensamento, nossas ações. E não é uma tarefa fácil. É necessário ter muita energia criativa e sabedoria para simplificar, encontrar significados e dar sentido às coisas. Olhe para a sua vida e identifique as coisas que estão atrapalhando, os hábitos que estão impedindo você de fazer o que quer. Livre-se do fardo emocional das experiências passadas e abra-se para o novo.

Tenha a mente aberta e esteja receptivo à mudança, para conseguir agir quando os problemas surgirem. Se a situação for boa, desfrute dela. Se for ruim, transforme-a. Se a situação não puder ser transformada, transforme a si mesmo.

A simplicidade é o último grau da sofisticação.

LEONARDO DA VINCI

Aprender com os erros é uma das lições mais valiosas que uma pessoa pode experimentar. É o sinal da antifragilidade, que é mais do que apenas resiliência, pois acrescenta o fortalecimento que obtemos ao aprender com a experiência anterior. O recomeço não significa dar passos para trás; significa uma nova oportunidade para fazermos diferente com mais experiência, prática e sabedoria. Saiba que o seu cérebro só vai aprender aquilo que tiver um significado emocional real.

Diferença entre a mente fechada e a mente aberta

MENTE FECHADA	MENTE ABERTA
Reclama Diz "É impossível!" Paralisa Sofre pela opinião alheia É controlada pelo medo É condicionada pela raiva	Aprende Resolve Vai em frente Aceita críticas Lida com o medo Mantém o equilíbrio

Caixa de ferramentas

A capacidade de se transformar ajuda a definir quais competências você precisa adquirir e quais precisa deixar de lado. Para isso, você deve adquirir um mindset flexível, estar aberto ao novo, não se prender ao modus operandi atual. Do contrário, corre o risco de ficar para trás em um piscar de olhos.

ANTIFRAGILIDADE: é algo que melhora quando se está diante de uma situação inesperada. O conceito foi criado pelo matemático e ensaísta Nassim Nicholas Taleb no livro *Antifrágil*. Se optar por esse caminho, você vai encarar os eventos adversos e se aperfeiçoar a partir deles.

CONSCIÊNCIA: é a capacidade de compreender o que se passa em nós e no entorno, a habilidade de enxergar o que está por trás da superfície, compreender e modificar a realidade.

INTEGRIDADE: significa a qualidade ou o estado do que é íntegro ou completo. É uma conduta que se caracteriza por uma convergência entre palavras e ações. Uma pessoa íntegra é responsável, tem crenças bem alinhadas, convicções definidas e um alto nível de dedicação ao que se propõe a fazer. Essas características refletem uma conduta ética e coerente perante a sociedade.

DESAPEGO: tudo é temporário, nossas emoções, pensamentos, pessoas, cenários. Não fique apegado, apenas deixe fluir.

DIVERSIDADE: significa a qualidade daquilo que é diferente, dessemelhança, variação, variedade, multiplicidade. Mas também pode significar ausência de acordo ou divergência.

EQUILÍBRIO: é uma virtude no sentido de fazer bem-feito, na justa medida em cada pequeno ato. Assim, a virtude é um equilíbrio entre dois extremos instáveis e igualmente prejudiciais. Essa justa medida, isto é, o equilíbrio entre o excesso e a falta, é certamente a virtude e o caminho para a realização humana.

FLEXIBILIDADE: é a capacidade que temos de pensar fora da caixa, ter a mente aberta, mudar de ideia e de opinião diante de novas informações e pensar em diferentes estratégias para chegar a um mesmo objetivo. É uma habilidade que usamos para tudo, inclusive na nossa vida cotidiana.

HUMILDADE: é a virtude que consiste em conhecer as próprias limitações e fraquezas e agir de acordo com essa consciência. Refere-se à qualidade daqueles que não tentam se projetar sobre as outras pessoas, nem se mostram superiores a elas. Características como cordialidade, respeito, simplicidade e honestidade, embora sejam frequentemente associadas à humildade, são independentes. Portanto, quem as possui não é necessariamente humilde.

CAPACIDADE DE INOVAR: envolve explorar novas oportunidades, exercer a criatividade, buscar novas soluções. Um profissional inovador não tem medo de se reinventar e é capaz de antecipar tendências. Ele também está sempre ampliando seu repertório para descobrir novos assuntos e soluções diversificadas.

MINDSET DE CRESCIMENTO: também chamado de growth mindset, está associado à mentalidade de quem está sempre em busca de se desenvolver e enxerga os desafios e adversidades como uma oportunidade para evoluir e crescer. O conceito foi criado pela psicóloga Carol Dweck, que defende que acreditar na possibilidade de crescimento é essencial para chegar mais longe e ultrapassar limites.

MENTALIDADE APRENDIZ: é a capacidade de aprendizado (em inglês, *learnability*). Significa saber adaptar e desenvolver os conhecimentos, ter um comportamento observador, que busca o aperfeiçoamento constante. A mentalidade aprendiz tem a ver com o lifelong learning, que é o estilo de vida de quem tem disposição para continuar aprendendo, reaprendendo e desaprendendo, assumindo uma postura de "eterno aprendiz".

PROPÓSITO: está conectado à nossa essência e valores e aparece a cada pensamento, ação e interação com os outros. Segundo o filósofo Zygmunt Bauman, propósito não é tarefa de caçador, é trabalho de jardineiro e o que dá sentido para a nossa vida todos os dias.

PROTAGONISMO: é a capacidade de assumir as rédeas da vida e da carreira, desenvolvida por pessoas conscientes do seu papel de transformar e de impactar a partir do seu trabalho e do ambiente em que convive. Protagonistas sabem explorar oportunidades, não ficam na zona de conforto e enfrentam seus medos.

SIMPLIFICAR: trata-se de uma ferramenta estratégica para enfrentar uma realidade complexa. Significa depurar, delegar e eliminar as atividades que não contribuem para nossas metas. Quanto mais complicamos as coisas, mais elas escapam da nossa mão.

VISÃO SISTÊMICA: ter visão sistêmica significa tomar decisões assertivas considerando todos os fatores envolvidos e as correlações entre eles.

Para tanto, é preciso analisar o cenário completo, e não apenas situações específicas, e ter um entendimento integrado sobre o potencial de transformação de paradigmas, pessoas e mercados de forma sustentável.

Artefato: origami da borboleta

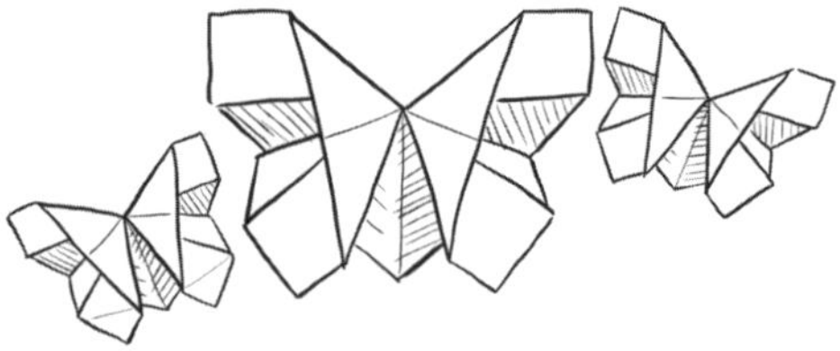

"Origami" é uma palavra de origem japonesa que significa "dobrar papel". Trata-se, portanto, de uma técnica japonesa de dobradura. A prática é repleta de simbolismos e significados, pois transforma uma simples folha de papel em figuras geométricas ou elementos da natureza.

Neste último princípio, a inspiração é a borboleta, porque ela nos faz lembrar que na vida tudo sempre se transforma. Esse simbolismo da renovação nos ensina sobre desapegar do que somos para crescer no caminho do que queremos ser.

Assim como com a lagarta, que passa pela metamorfose e se torna uma borboleta, a transformação em O Pulo do Gato Empreendedor© é um processo que exige paciência e ação. Ela não acontece de uma hora para outra; é preciso dedicar tempo, ter coragem para encarar medos e disposição para agir e mudar.

O mais importante não é conseguir chegar ao final, mas passar pela transformação do processo. O objetivo se torna apenas um bônus.

Uma vez escutei de um mestre budista que temos que cultivar o desapego e o estado de equilíbrio. "Se o interior estiver em paz, o exterior tanto faz", ele ensinou.

Hoje, mais do que em qualquer época histórica, enfrentamos uma realidade complexa: a velocidade das inovações, o aprofundamento da globalização, a interconexão de mercados, a mobilidade, que permite o acesso a uma avalanche de informações em todos os lugares. O problema agora não é obter dados, mas usá-los para tomar decisões ágeis e assertivas em um mundo cada vez menos tolerante a erros.

Para isso, é preciso treinar, errar, acertar e, principalmente, se movimentar e estar disposto a se transformar. Um dos propósitos da transformação é emergir dela melhor.

Nessa perspectiva, como disse o psicólogo junguiano Joel Franz, está mais do que na hora de resgatarmos a amorosidade e investirmos na integração do ser humano de forma plena.

Exercícios

Agora que vimos os conceitos e valores contidos no princípio do Transforme-se, é hora de ativarmos essas soft skills com alguns exercícios práticos.

1→ Auto-observação

A vida é uma só e exige que façamos nossas escolhas com consciência, despertos para as motivações e preparados para as consequências. Estar consciente é o bem mais precioso que podemos cultivar.

O convite desse exercício é exercitar essa consciência frequentemente com a auto-observação, sabendo que a voz da nossa consciência é gentil conosco se estivermos preparados para escutar. Ela quer sempre o melhor para nós e também espera que façamos o melhor para o mundo.

Como praticar a auto-observação:

- Experimente passar uma semana inteira observando suas emoções e pensamentos diários.
- Repare nos pensamentos repetitivos e veja se eles são construtivos ou destrutivos. Anote!
- Depois que você tomar consciência dos pensamentos negativos, toda vez que ele surgir, diga: CANCELO. E substitua por um pensamento positivo/oposto.
- Quanto mais você praticar, mais ficará automático.

2→ Ikigai

Ikigai, em japonês, significa "razão de ser" ou "a razão pela qual acordamos todos os dias pela manhã". É um conceito que busca sentido para tudo que realizamos, ou seja, um propósito de vida.

Para descobrir esse propósito, existe uma ferramenta muito interessante formada pela intersecção de quatro dimensões básicas da vida: a sua paixão, a sua vocação, a sua profissão e a sua missão de vida. Trata-se da mandala Ikigai, proposta por Ken Mogi no livro *Ikigai: Os cinco passos para encontrar seu propósito de vida e ser mais feliz.*

O objetivo de encontrar o seu ikigai é somar todas as áreas em um só foco. Ele não é fixo, vai se transformando ao longo da vida, à medida que os pesos das áreas variam. Uma vida plena envolve ocupar a sua energia com algo que você ama, faz bem, o mundo precisa e te pagam para realizar. A tarefa não é fácil, mas também não é impossível.

Muitas pessoas levam a paixão para os hobbies, fazem o que gostam, mas não ganham por isso; outras ganham, mas sofrem no trabalho; muitas simplesmente desistem de procurar.

Mandala de Ikigai

Para encontrar o seu Ikigai, você precisará olhar para o seu interior e refletir sobre si. Preencha cada espaço e ache a intersecção de tudo: Qual a sua vocação? Você tem destreza nessa atividade? O mundo precisa e pagaria por isso? Qual impacto esse trabalho gera em você e na sociedade?

3→ A técnica SCAMPER

Este exercício é um grande aliado para expandir ideias, modificar o status quo e transformar. Ele ajuda a visualizar diversos ângulos de um tema inicial e a trabalhar para que possa ser entendido de forma completamente diferente e inovadora.

Com esse recurso é possível rever vários pontos de um trabalho inicial e aperfeiçoar essa ideia. Quando realizado em grupo, é ainda mais efetivo. As letras explicam a técnica desenvolvida por Bob Eberle no livro *Games for imagination development* [Jogos para o desenvolvimento da imaginação, em tradução livre].

- **Substituir:** o que aconteceria se eu trocasse o item X pelo item Y?
- **Combinar:** o que surgiria se eu unisse o projeto X ao projeto Y?
- **Adaptar:** o que posso fazer para adaptar esse projeto a outros contextos?
- **Modificar:** o que posso modificar para que esse projeto tenha mais valor?
- **Procurar usos diferentes:** quais utilidades novas posso dar a esse projeto?
- **Eliminar:** o que posso retirar do projeto para que ele fique mais simples?
- **Reorganizar:** como posso reorganizar esse projeto para ser mais eficiente?

Técnica SCAMPER

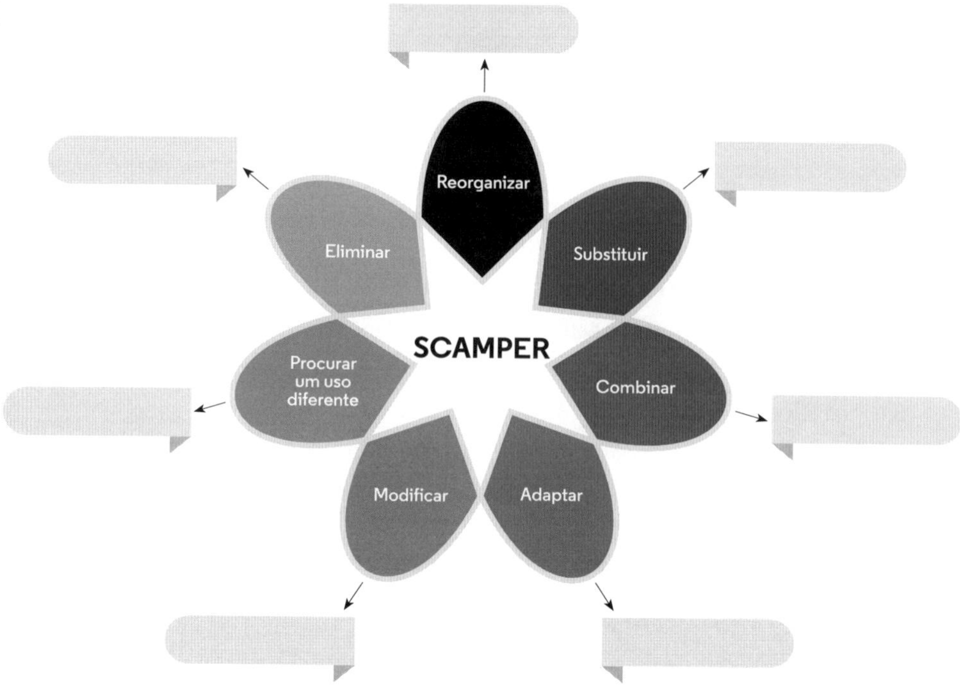

4→ Como você gostaria de ser lembrado?

Desde que o mundo existe, é comum nos questionarmos sobre o que estamos fazendo aqui, o impacto de nossas ações e qual o legado que queremos deixar para as próximas gerações. Esse exercício não é fácil, pois requer que você se imagine no seu leito de morte. No entanto, depois do choque, é possível obter clareza. Você descobre o que de fato é importante e essencial na sua vida.

As pessoas que vivem profundamente
não têm medo de morrer.

ANAÏS NIN

Sem a perspectiva da morte, não estamos totalmente conscientes da dádiva de estar vivo. Aceitar a realidade da própria morte não precisa acontecer apenas quando a vida estiver chegando ao fim. Na verdade, ser capaz de imaginar com clareza seus últimos momentos cria uma sensação paradoxal: a de nascer de novo – o primeiro passo para uma transformação corajosa.

O ponto principal do exercício é não esperar até estar prestes a morrer para usufruir do benefício da mortalidade. Podemos criar essa experiência a qualquer momento.

5→ PDCA

O PDCA é uma abreviação para quatro palavras em inglês (*Plan, Do, Check, Action*) cuja tradução é Planejar, Fazer, Verificar e Agir.

O ciclo PDCA surgiu da colaboração entre os físicos norte-americanos Walter A. Shewhart e William Edwards Deming e é uma ferramenta completa e eficiente para solucionar problemas e melhorar os processos de uma empresa ou um projeto de vida. Veja como funciona:

- **P (plan: planejar):** defina o que será feito e suas metas.
- **D (do: fazer):** coloque o planejamento em ação.
- **C (check: verificar):** analise os dados e resultados obtidos.
- **A (action: agir):** avalie os resultados, identificando pontos de melhoria e ações corretivas.

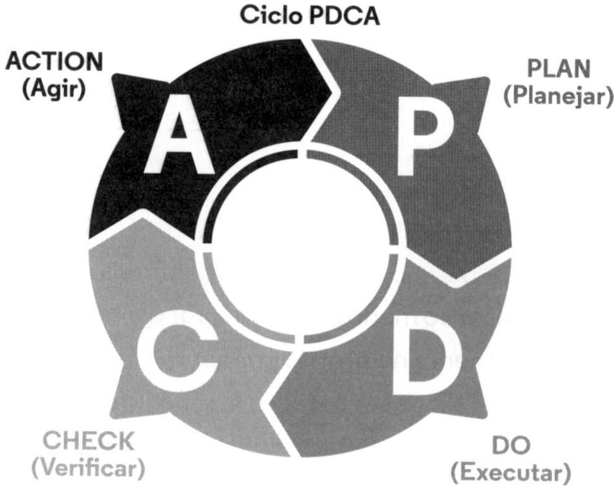

6→ Transforme seus problemas em desafios

A menos que modifiquemos a nossa maneira de pensar, não seremos capazes de resolver os problemas causados pela forma como nos acostumamos a ver o mundo.

ALBERT EINSTEIN

O pensamento é flexível: ele pode mudar para o polo positivo ou negativo, dependendo da nossa vontade e esforço. Para facilitar, pense que é como trocar as mãos para fazer coisas simples. Por exemplo: experimente escovar os dentes ou escrever com a mão oposta ao que você está acostumado. No começo é difícil, mas depois você vai se acostumando e começa a aprender a fazer as coisas com a mão não dominante.

Com o que pensamos é a mesma coisa. Talvez você esteja acostumado a pensar de um jeito pessimista, o que acaba reforçando esse seu lado. Para mudar, é uma questão de fazer de maneira diferente do que está acostumado.

Por exemplo: se, ao viver um problema, você tem tendência a pensar negativamente sobre ele, procure pensar de outra forma. Digamos que você esteja sem tempo de tocar aquele projeto paralelo que poderia significar a sua liberdade financeira. Que tal transformar o problema FALTA DE TEMPO em um desafio? Você pode, por exemplo, organizar a agenda para ter ao menos uma hora por dia ou um dia na semana para trabalhar ativamente no projeto.

Sabe aquela história de pegar os limões e fazer uma limonada? É exatamente isso. Transformar problemas em desafios significa olhar para uma situação externa a você mesmo e enxergar uma maneira como você pode fazer algo a respeito para mudá-la. Para isso, você precisa ativar a sua capacidade de superação e estar disposto a praticar essa nova forma de pensamento.

7→ Neuróbica, a ginástica para o cérebro

Vivemos em uma sociedade em que o culto ao corpo está cada vez mais intenso, e estamos obcecados com a ideia de fazer exercícios físicos. No entanto, o que podemos dizer sobre o cérebro? Existe alguma atividade que permita mantê-lo em forma?

A neuróbica torna o cérebro mais ágil e flexível. Rompe os esquemas mentais automatizados ou habituais para despertar regiões que permanecem adormecidas, potencializando a nossa capacidade cerebral.

A ginástica mental, ginástica cerebral ou neuróbica é um conjunto de exercícios, problemas e quebra-cabeças mentais que melhoram o rendimento. Ela foi proposta por Lawrence Katz e Manning Rubin, neurobiólogos da Universidade Duke, e é muito diferente de outros tipos de exercícios para o cérebro, que costumam envolver enigmas lógicos e sessões isoladas.

Em vez disso, os exercícios da neuróbica usam os cinco sentidos, de forma a fortalecer os caminhos naturais que o cérebro possui (e gerar outros) para criar novos padrões associativos entre os diferentes tipos de informação.

Os exercícios de ginástica propostos pela neuróbica envolvem os hemisférios cerebrais, os movimentos corporais, os sentidos (especialmente a visão), estimulam a mielina e melhoram a aprendizagem.

Esses autores propõem os seguintes objetivos: promover o bom estado físico das pessoas, a qualidade dos seus movimentos, fortalecer capacidades psicológicas e cognitivas, favorecer a comunicação entre cérebro e corpo e eliminar o estresse e as tensões do organismo.

É possível fazer uma infinidade de exercícios. Quanto mais criativo você for, mais amplo será o conjunto de possibilidades. Algumas das opções são:

- Fazer sudokus e quebra-cabeças, cronometrando o tempo para avaliar o seu progresso.
- Aprender palavras novas e incorporá-las às suas próximas conversas.
- Usar o relógio no outro pulso.
- Identificar a hora em um espelho.
- Andar de costas (com cuidado!) em casa.
- Escovar os dentes com a mão não dominante.
- Observar fotografias ao contrário para ver novos detalhes.
- Utilizar o telefone celular com a mão menos habitual.
- Vestir-se com os olhos fechados.
- Mudar o caminho para o trabalho, a escola ou de volta para casa.

São exercícios que rompem com as nossas rotinas e comportamentos automáticos e fazem o cérebro trabalhar para criar novas conexões cerebrais (sinapses) por meio da experimentação de atividades da vida diária realizadas de modos diferentes, estimulando a produção ou regeneração de novas redes neuronais por meio da rede sensorial e induzindo a produção de neurotrofinas, moléculas específicas que favorecem a sobrevivência dos neurônios.

A prática da ginástica cerebral é importante porque ajuda a utilizar a totalidade do cérebro e do corpo, melhora a concentração, o equilíbrio, o pensamento, a memória, a criatividade, a audição, a atenção, a percepção e a concentração.

Graças aos exercícios propostos pela neuróbica, é possível desenvolver novas estruturas e conexões cerebrais. Além disso, podemos prevenir ou retardar o surgimento de doenças degenerativas como Alzheimer e Parkinson.

8→ O poder do silêncio

Quando você não souber o que fazer e tudo parecer perdido, dê uma pausa, feche os olhos, respire um pouco. A resposta que você procura não vem quando a mente está ocupada; ela vem do silêncio interior. Primeiro se acalme, depois esvazie a mente.

A melhor forma de compreender o mundo é se afastar dele. Se você está sempre ocupado, grudado no celular, entretido com outras coisas e sem tempo para refletir, pode ter certeza de que acabará mais cedo ou mais tarde se sentindo sobrecarregado e desorientado.

A cura simples e indolor para se orientar é o SILÊNCIO. Por um bom período, fique só, quieto, em silêncio total. Relaxe completamente. Desligue a televisão e o celular. Fique apenas consigo mesmo. Espere para ver o que acontece. Sinta-se parte do silêncio. Observe as ideias começando a aparecer. Deixe que as respostas surjam de dentro pra fora. Encontre a si mesmo!

9→ As dez leis da simplicidade

Você já parou para pensar no excesso de questões complexas que temos que resolver todos os dias? São informações que se multiplicam em progressão geométrica, em grande velocidade. Mudanças de contexto, transformação digital, dificuldades sociais e econômicas que impactam diretamente os negócios e desafiam profissionais e empresas.

O grande desafio, portanto, é mudar nosso modelo mental para um patamar que vai além da lógica linear cartesiana. É preciso buscar novas respostas, tomar decisões ágeis e assertivas e encontrar a simplicidade em meio a tantas exigências.

Um dos maiores pensadores adeptos dessa abordagem é o designer John Maeda, professor do Instituto de Tecnologia de Massachusetts (MIT) e autor do livro *As leis da simplicidade*. Considerado uma das pessoas mais influentes do século XXI, o expert defende que a simplicidade é uma ferramenta estratégica para enfrentarmos a realidade complexa.

Na sua obra, Maeda propõe dez princípios para balancear simplicidade e complexidade. Começa por (1) reduzir, (2) organizar e (3) economizar tempo; em seguida, fala do conhecimento sobre (4) aprender e (5) entender as diferenças e o (6) contexto; depois a ideia é valorizar a (7) emoção e a (8) confiança; e, por fim, aceitar o (9) fracasso de que algumas coisas não podem ser simples. Essas nove diretrizes apontam para o princípio que concentra a essência de toda a teoria: (10) "A simplicidade consiste em subtrair o óbvio e acrescentar o significativo."

Como se vê, é necessária muita energia criativa para simplificar e dar sentido às coisas. É por isso que a frase "A simplicidade é o último grau da sofisticação" – atribuída ao polímata Leonardo da Vinci – é tão difícil de ser aplicada em sua essência. Da Vinci sabia disso, afinal reuniu em uma só existência as funções de cientista, matemático, engenheiro, inventor, anatomista, pintor, escultor, arquiteto, botânico, poeta e músico.

Apesar de não ser tarefa fácil, a simplicidade é fundamental. E, para dizer a verdade, dá um certo alívio saber que soluções simples para este mundo tão complexo vêm de nós, seres humanos, capazes de encontrar significados e propósito em tudo o que fazemos. Então, fica a dica: vamos simplificar! Nossos negócios, nossa vida, nosso pensamento, nossas ações.

10→ Lifelong learning

A busca por aprendizado constante faz parte da natureza humana desde que o mundo existe. *Learnability* é a habilidade de quem se dispõe a aprender ao longo da vida, de quem está aberto a produzir conhecimento, conteúdo e habilidade de forma permanente.

O conhecido lifelong learning traz a ideia de que o aprendizado não termina quando o estudante sai da sala de aula ou recebe um diploma. Pelo contrário: muitas vezes o aprendizado acontece pela curiosidade do indivíduo a partir de suas motivações próprias.

Pode ser aprender a falar um idioma, tocar piano, exercitar um novo esporte, treinar uma tecnologia mais avançada. Pode estar em cursos livres, na leitura de artigos interessantes, na participação em palestras, seminários e lives. Não importa a fonte. O aprendizado acontece de diferentes formas e só melhora a nossa vida.

O ser humano só evoluiu ao longo da história por conta da sua capacidade de aprendizado, que tem se provado cada vez mais longeva. Sempre é tempo de aprender coisas novas. Pesquisas recentes sobre neuroplasticidade mostram que nunca é tarde para aprender, e o que faz diferença de verdade é o quanto estamos emocionalmente engajados na nova atividade.

Por isso, não é preciso se prender a diplomas. Adote uma postura de aprendiz e faça escolhas que agreguem aos seus objetivos profissionais e pessoais. Tenha consciência de que todo o ambiente a sua volta te ajuda a aprender, mesmo quando você está escutando música, lendo um livro, vendo um filme ou simplesmente conversando com alguém.

Uma sugestão: todos os dias tente escrever as coisas novas que você aprendeu. Exercite o aprendizado conscientemente e guarde a sensação de estar crescendo dia a dia.

E mais uma dica: para garantir a absorção de aprendizado, aplique na prática a teoria. O verdadeiro aprendizado acontece quando compartilhamos aquilo que estamos aprendendo, ou seja, quando ensinamos é quando mais aprendemos.

←→

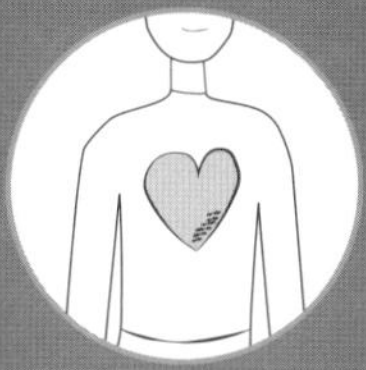

Apaixone-se

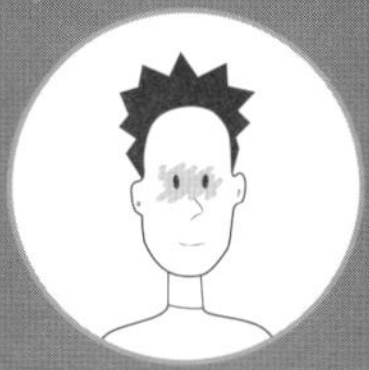

Vislumbre

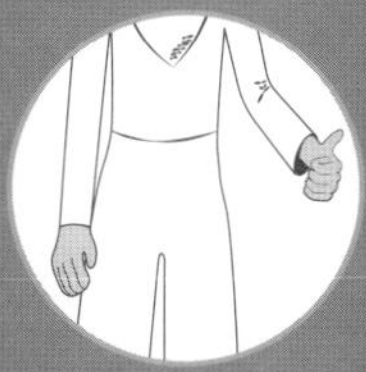

Faça

Compartilhe

Persista

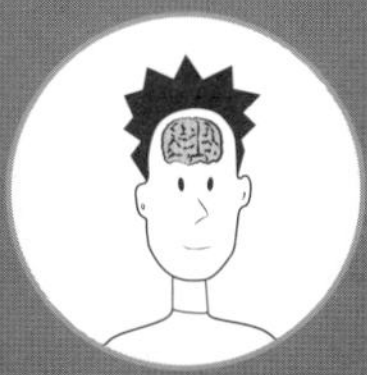

Transforme-se

Conclusão

Esta obra é um conjunto de experiências e conhecimentos compartilhados por centenas de empreendedores, inovadores, especialistas, pensadores e mestres na arte de empreender nos negócios e na vida. Todo o conteúdo aqui reunido serviu de matéria-prima para tecer uma teia de reflexões sobre conquistar objetivos e realizar sonhos.

Tudo começa com o autoconhecimento (Apaixone-se), passa por imaginar futuros (Vislumbre), trabalhar com afinco (Faça), angariar o apoio das pessoas (Compartilhe), superar barreiras (Persista) e reinventar-se a todo instante (Transforme-se). A boa notícia é que temos dentro de nós toda a potência das soft skills.

Assim é a metodologia d'O Pulo do Gato Empreendedor: princípios simples que explicam a complexidade das nossas habilidades humanas. Por razões didáticas, optei por dividir cada um dos seis princípios em capítulos, mas, de fato, está tudo completamente integrado, e cada pequena mudança se reflete no todo. Por exemplo, quando desenvolvemos nossa autoconfiança, conseguimos realizar; quando compartilhamos nossas ideias, somos capazes de nos transformar.

Trazer à tona esse entendimento é um passo fundamental para praticar a metodologia. E não existe atalho: é preciso treiná-las todos os dias, como treinamos os músculos na academia. Cada acontecimento da nossa vida é uma oportunidade. Seja em casa, seja no trabalho, seja na escola, é possível sair do piloto automático e treinar as soft skills com dedicação e disciplina. Por isso, coloque-se à prova falando em público, praticando a escuta ativa com o vizinho que você ignora, ensinando a seu colega uma atividade que você domina, fazendo coisas diferentes todos os dias e se arriscando a mudar e evoluir.

Para aqueles que se dispõem a introjetar as habilidades ensinadas neste livro e transformá-las em comportamentos do mundo real, deixo aqui uma sugestão: tente conhecer as habilidades profundamente, avaliar em qual grau você as tem e trabalhá-las de forma contínua (tem um exercício no final do livro para isso).

Espero que com a leitura dos seis princípios você tenha absorvido conhecimento e criado consciência de suas próprias habilidades. Só assim é possível ver onde estão as lacunas e praticar com mais propriedade, reforçando comportamentos, aperfeiçoando atitudes e melhorando dia a dia.

> O maior desafio é vencer a distância entre o coração (o primeiro princípio) e o cérebro (não por acaso, o último a ser descrito). Aqui vale um alerta: o caminho parece simples, mas não é. Como diz o mestre Oswaldo de Oliveira: "Entender é fácil, incorporar é que é difícil."

Comece desde já a aplicar os princípios do pulo do gato na sua vida. Quando acabar, comece tudo de novo. Saiba que sempre terá uma chance de aperfeiçoá-los. Os exercícios propostos são só um ponto de partida. Crie os seus próprios caminhos, coloque-se em situações que potencializem suas habilidades e torne-se ativo no aprendizado.

É importante salientar que esse processo é individualizado e só funciona quando você o adapta às suas expectativas e realidade de vida. A responsabilidade de tornar uma habilidade mais forte ou deixá-la atrofiar é toda sua. Ela não vai crescer por circunstâncias externas nem por acaso.

Meu desejo sincero é que você use este livro como inspiração para criar seus próprios padrões de sucesso. E dou uma sugestão: seja gentil consigo mesmo. Tenha paciência com o que for difícil. Muitas vezes são comportamentos que estão arraigados desde a infância.

Esta jornada não diz respeito apenas a metas e conquistas, mas também a quem você vai se tornar ao longo do caminho. Uma vida plena está repleta de aprendizado, crescimento, partilha e desconstrução. A verdadeira transformação está em cada um de nós. Por isso, sempre que precisar, volte a este conteúdo e continue praticando. Esta é uma obra aberta, um ciclo infinito que só terá fim se o leitor se der por satisfeito e quiser concluir o seu próprio pulo do gato.

Feliz daquele que investiu seu tempo lapidando a si mesmo

AUTOR DESCONHECIDO

Exercício final

Agora que você tem todos os conceitos compreendidos e dezenas de soft skills disponíveis na sua caixa de ferramentas, vamos empreender uma última atividade. De posse de todo o conhecimento adquirido, a ideia é fazer uma autoanálise de suas habilidades de acordo com a sua percepção.

Atribua uma nota de zero a dez para como acha que está em relação a cada um dos princípios. Dê a sua justificativa, liste em quais habilidades você se sai melhor ou pior e, por fim, anote o que você poderia fazer para melhorar (lembre-se de sugerir uma ação positiva). Não deixe para depois. Preencha o seu diagnóstico agora:

APAIXONE-SE

Nota:
Justificativa:
Melhores habilidades:
Piores habilidades:
O que posso fazer para melhorar?

VISLUMBRE

Nota:
Justificativa:
Melhores habilidades:
Piores habilidades:
O que posso fazer para melhorar?

FAÇA

Nota:
Justificativa:
Melhores habilidades:
Piores habilidades:
O que posso fazer para melhorar?

COMPARTILHE

Nota:
Justificativa:
Melhores habilidades:
Piores habilidades:
O que posso fazer para melhorar?

PERSISTA

Nota:
Justificativa:
Melhores habilidades:
Piores habilidades:
O que posso fazer para melhorar?

TRANSFORME-SE

Nota:
Justificativa:
Melhores habilidades:
Piores habilidades:
O que posso fazer para melhorar?

Se a sua avaliação não for boa, não se preocupe. Este é um processo dinâmico e de melhoria contínua, que pode e deve ser desenvolvido sempre. Em um momento você vai avançar, noutros vai retroceder; não faz mal. É possível exercitar as habilidades sempre. O importante é estar atento e desenvolver sempre suas soft skills. Faça uma revisão e uma autorreflexão a cada seis meses para não perder o processo de prática e evolução.

REFERÊNCIAS E INDICAÇÕES

Livros:

ALBUQUERQUE, Jamil. *A lei do triunfo para o século 21.* Editora Academia, 2004.

BAUMAN, Zygmunt. *Modernidade líquida.* São Paulo: Companhia das Letras, 2001.

CAMPOS, Paulo Vieira de. *A estreia do líder.* Rio de Janeiro: Alta Books, 2017.

CARPINEJAR, Fabrício. *Coragem de viver.* São Paulo: Planeta, 2021.

CARROLL, Lewis. *Alice*: edição comentada e ilustrada. Aventuras de Alice no País das Maravilhas & Através do espelho. São Paulo: Companhia das Letras, 2013.

CHIAVENATO, Idalberto. *Empreendedorismo*: dando asas ao espírito empreendedor. São Paulo: Saraiva, 1999.

CIALDINI, Robert B. *As armas da persuasão 2.0.* Edição revista e ampliada. Harlequin, 2021.

CLARK, Tim. *Business model you*: o modelo de negócios pessoal. Rio de Janeiro: Alta Books, 2012.

CORTELLA, Mario Sergio. *Por que fazemos o que fazemos?* São Paulo: Planeta, 2016.

CORTELLA, Mario Sergio. *Qual é a tua obra?* Inquietações propositivas sobre gestão, liderança e ética. Rio de Janeiro: Vozes, 2017.

COVEY, Stephen R. *Os 7 hábitos das pessoas altamente eficazes.* São Paulo: BestSeller, 2001.

CSIKSZENTMIHALYI, Mihaly. *Flow*. Edição revista e atualizada: A psicologia do alto desempenho e da felicidade. Rio de Janeiro: Objetiva, 2020.

DOLABELA, Fernando. *O segredo de Luísa*: uma ideia, uma paixão e um plano de negócios. Como nasce o empreendedor e se cria uma empresa. 14. ed. São Paulo: Cultura, 2006.

DRUCKER, P. *Desafios gerenciais para o século XXI*. São Paulo: Pioneira, 1999.

DUHIGG, Charles. *O poder do hábito*: por que fazemos o que fazemos na vida e nos negócios. Rio de Janeiro: Objetiva, 2012.

DWECK, Carol. *Mindset*: a nova psicologia do sucesso. Rio de Janeiro: Objetiva, 2017.

FARANI, Camila. *Desistir não é opção*. São Paulo: Gente, 2021.

FONTES, Ana. *Negócios*: um assunto de mulheres. A força transformadora do empreendedorismo feminino. São Paulo: Jandaíra, 2022.

GABRIEL, Martha. *Você, eu e os robôs*: pequeno manual do mundo digital. São Paulo: Atlas, 2018.

GIARDELLI, Gil. *Você é o que você compartilha*. São Paulo: Gente, 2012.

GOLEMAN, Daniel; BOYATZIS, Richard; MCKEE, Annie. *O poder da inteligência emocional*. Rio de Janeiro: Campus, 2002.

GUERRA, Facundo. *Empreendedorismo para subversivos*: um guia para abrir seu negócio no pós-capitalismo. São Paulo: Planeta, 2017.

HILL, Napoleon. *A chave mestra das riquezas*. Rio de Janeiro: BestSeller, 2020.

HILL, Napoleon. *A lei do triunfo*. Rio de Janeiro: José Olympio, 1964.

HILL, Napoleon. *Quem pensa enriquece*. Curitiba: Fundamento, 2009.

ISAACSON, Walter. *Steve Jobs*. São Paulo: Companhia das Letras, 2011.

JULIO, C. A. *Reinventando você*. Rio de Janeiro: Campus, 2002.

KAHNEMAN, Daniel. *Rápido e devagar*: duas formas de pensar. Rio de Janeiro: Objetiva, 2012.

LALOUX, Frederic. *Reinventando as organizações*: um guia para criar organizações inspiradas no próximo estágio da consciência humana. Belo Horizonte: Voo, 2018.

LEMINSKI, Paulo. *Toda poesia*. São Paulo: Companhia das Letras, 2013.

LYRA, Eduardo. *Da favela para o mundo*. São Paulo: Buzz, 2018.

MEIRA, Silvio. *Novos negócios inovadores de crescimento empreendedor no Brasil*. São Paulo: Leya, 2013.

MEISLER, Rony. *Rebeldes têm asas*. Rio de Janeiro: Sextante, 2017.

MELLO, Pedro et al. *Open leaders*: proibido para mentes fechadas. Belo Horizonte: Voo, 2021.

MOGI, Ken. *Ikigai*: os cinco passos para encontrar seu propósito de vida e ser mais feliz. Bauru: Alto Astral, 2018.

NAKAGAWA, Marcelo. *Empreendedorismo*: elabore seu plano de negócio e faça a diferença. São Paulo: Senac, 2013.

NEFF, Kristin. *Autocompaixão*: pare de se torturar e deixe a insegurança para trás. Lúcida Letra, 2018.

OBAMA, Michelle. *Minha história*. Rio de Janeiro: Objetiva, 2018.

OLIVA, Tati. *Um mais um é maior que dois*. São Paulo: Colmeia, 2018.

PALACIOS, Fernando; TERENZZO, Martha. *O guia completo do storytelling*. Rio de Janeiro: Alta Books, 2018.

ROSENBERG, Marshall B. *Comunicação não violenta*: técnicas para aprimorar relacionamentos pessoais e profissionais. Nova edição. São Paulo: Ágora, 2021.

SANDBERG, Sheryl; SCOVELL, Nell. *Faça acontecer*. Editorial Presença, 2015.

SILVA, Ozires. *A decolagem de um sonho*: a história da criação da Embraer. Lemos Editorial, 2004.

SILVA, Ozires. *Cartas a um jovem empreendedor*: realize seu sonho, vale a pena. Gulf Professional Publishing, 2006.

SOSNOWSKI, Alice Salvo. *Empreendedorismo para leigos*. Rio de Janeiro: Alta Books, 2018.

SOUZA, César. *Clientividade*. Rio de Janeiro: BestSeller, 2016.

TALEB, Nassim Nicholas. *Antifrágil*: coisas que se beneficiam com o caos. Nova edição. Rio de Janeiro: Objetiva, 2020.

TRUTMANN, Nathalie. *Manual para sonhadores*. São Paulo: Leya, 2013.

Sites, blogs e podcasts:

- André Gravatá e Serena Labate: https://www.sorverversos.com/.
- Augusto de Franco: http://redes.org.br/augusto-de-franco/.
- Blog *Vida Organizada*: http://vidaorganizada.com.
- Cultura plus size: https://popplus.com.br/.
- Dra Carla Sarni: http://dracarla.com/historia/.
- Empretec: https://www.sebrae.com.br/sites/PortalSebrae/empretec.
- Gerando Falcões: https://gerandofalcoes.com/.
- História de Oswaldo de Oliveira: https://www.projetodraft.com/a-jornada-de-oswaldo-oliveira-um-alquimista-de-modelos-organizacionais-livres-e-em-rede/.
- Ideia Sustentável: https://ideiasustentavel.com.br/sobre-ricardo-voltolini/.
- José Augusto Minarelli: https://www.lensminarelli.com.br/author/joseaugustom/.
- Livros para empreendedores: https://www.resumocast.com.br/.
- Lucia Helena Galvão: https://idealix.com.br/#.
- Murilo Gun: https://murilogun.com.br/.
- Museu da Empatia: https://www.intermuseus.org.br/museu-da-empatia.
- Networking humanizado: https://descola.org/networking.
- Neurociência: https://carlatieppo.com.br/.
- Psicologia: https://www.youtube.com/c/JoelFranz.

- Reverb Poesia – A criança que eu fui um dia: https://www.youtube.com/watch?v=FaW8-qmlCoI.
- Ricardo Jordão: https://www.bizrevolution.com.br/.
- Teste de perfil cognitivo: https://perfilcognitivo.com.br/.
- Teste de personalidade MTBI: https://www.16personalities.com/br/teste-de-personalidade.
- Thái Quang Nghiã: https://thaivietnamita.com/palestra/.
- Instituto Desacelera: https://www.desacelera.org.br/
- Instituto RME: https://institutorme.org.br/
- Videocast SomosCuratas: https://www.youtube.com/@somoscuratas

Este livro foi impresso nas oficinas gráficas da Editora Vozes Ltda.,
Rua Frei Luís, 100 – Petrópolis, RJ.